大地

大地

章一

大地

大地

教育叢書 ¦ 08

Children's secrect letter
孩子們的祕密書信

艾蜜莉・雷格 ★ 著 ・ 亞北 ★ 譯

序

　　艾蜜莉也許是世界上收到孩子的來信最多的人了。她的小說《路琪和她的朋友》問世以來，世界各地有數以萬計的孩子通過寫信向她吐露心聲。艾蜜莉從數萬封來信中挑選出最具代表性的一部分，編寫成一本集中反映青少年心理的書，這就是《孩子們的祕密書信》。這本書涉及的問題十分廣泛，青春期的叛逆、疾病、父母離異、戀愛、性、離家出走、吸毒、自殺，幾乎囊括了孩子們成長過程中的所有問題。心理學家蘭笛‧托馬斯評論說：「這本書在千萬孩子和家長之間架起了一座了解的橋樑，書中的每一封信都可能是由一千個不同的孩子寫的。」

　　很多讀了這本書家長感到十分不解：我們是孩子最親的人，為什麼那些事他們不對我們說，卻偏偏告訴了她？艾蜜莉在給一位家長的信中對此作了解釋：「孩子對我說而不對你說，主要是因為有些話對一個值得信賴的陌生人更容易開口，這並不意味著我在他心裡比你更親。

　我能得到孩子們的信任則要歸功於我的寫作時的心態，當我為孩子們寫作的時候，我首先是一位母親，其次是小說家，最後才是心理學家。」

　艾蜜莉在寫《孩子們的祕密書信》時持的也是這種態度，作為成名的青少年問題專家，她在書中幾乎沒有使用任何心理學術語，而是以一位母親的口吻來分析孩子們的行為和心理，並坦率地講述了自己在處理家庭問題時的種種失誤，使人讀來倍感親切，並在閒話家常似的閱讀中受益。

目　錄

第 ① 扇門

站在父母和孩子之間的柵欄　　　007

一、隱秘的怨恨　　　008

二、孩子間的戰爭　　　018

三、我是撿來的嗎？　　　025

四、好父母住在隔壁鄰居　　　029

第 ② 扇門

學校　　　033

一、好教師太少了　　　034

二、被欺負　　　039

三、好朋友，壞朋友　　　047

四、胖子的煩惱　　　055

第 **3** 扇門

火藥桶上的家 059

一、爸爸媽媽要離婚 060

二、第三者！第三者！！ 072

三、天堂的爸爸和人間的媽媽 086

四、大人的夜晚 093

五、他們到底要離幾次婚？ 098

第 **4** 扇門

親人去世的傷痛 101

第 **5** 扇門

關於日記 109

第 **6** 扇門

孩子必須知道的幾件事 115

一、丟臉的事 116

二、青春期 122

三、月經 128

四、乳房 136

五、我的身體出現了異常 140

六、孩子是怎麼來的？ 142

七、手淫 150

八、同性戀的事 154

第 **7** 扇門

男孩、女孩與禁區 　　　　　　　　　157

一、我想要別人喜歡我　　　　158
二、我在戀愛　　　　　　　　164
三、戀愛的禁區　　　　　　　169

第 **8** 扇門

家庭裡的重大事件 　　　　　　　177

一、離家出走的少年　　　　　178
二、愛是唯一的藥品　　　　　183
三、家庭裡的拳頭　　　　　　186
四、當孩子遭遇強暴　　　　　193

第 **9** 扇門

自殺與毒品 　　　　　　　　　　203

一、我厭倦活下去　　　　　　204
二、抽大麻的孩子們　　　　　212

第 **10** 扇門

和孩子一起成長 　　　　　　　　227

【第一扇門】

站在父母和孩子
之間的柵欄

1 隱秘的怨恨

親愛的艾蜜莉：

　　我有很多不順心的事，所以寫信給你。我已經十一歲了，我發現媽媽對我不像以前那麼親了。我要上學，她要上班，我們每天見面的時間不多，她下了班總是喊累，懶得和我說話。但以前她不是這樣的，以前她多疼我啊，現在怎麼變成這樣了？

　　我真的好擔心，不知道怎麼才能把心裡話告訴她，現在我想問問你，請原諒我的打擾。我爸爸就更別提了，我什麼話都不好意思跟他說。我真擔心，這樣下去我和他們都快變成陌生人了。

　　　　　　　　　　　　　　　　　珍妮　十一歲

　　一位父親在給我的信中說，兒子上了初中以後，和他越來越沒有話說了，父子之間彷彿「隔著一堵牆」。事實上，這並不是他一個人的感覺。

　　我從牙牙學語直到長大成人，始終能感覺到父母那深厚
的愛，但同時又覺得父母不理解我。我從小就認為，由於年
齡的差異，父母不理解孩子是很正常的事，就像我無法理解
父親為什麼那麼關心股票和政治，母親為什麼總為她的肥胖
唉聲歎氣一樣。

　　後來，我自己也做了母親，又覺得孩子太不理解父母
了，常常為他們不願意接受正確的指導而生氣。有一個時
期，這個問題使我的家庭出現了危機。兒子吉米本來是個有
話就說的孩子，但他上了中學以後，有一段時間變得非常沉
默。有時候，我從他的眼神裡感覺到，他在生我的氣卻又不
肯表現出來。或者說他已經表現出來了 —— 通過沉默。有一
次，我的鄰居巴爾遜太太告訴我，吉米曾經向她兒子透露，
他不願意和我說心裡話，因為他覺得我只願意聽好消息，他
要是把心裡話全對我說出來，我一定會很傷心。

　　這讓我感到很慚愧，作為一個心理醫生，我在告訴別人
該怎麼做的同時，卻不能很好地和自己的兒子溝通。從那以
後，我開始以一個心理醫生，而不是一個普通母親的角度來
觀察吉米的言行。結果我發現，要想知道孩子的想法，不一
定非得通過語言，有時候，觀察他的行動比聽他說更能了解
他。了解無疑是非常重要的，因為沒有了解就談不上理解，
而理解又是解決家庭問題的前提。

　　你願意理解他們嗎？下面是一些比較有代表性的來信，
讀了這些信，也許我們會對孩子們的想法產生新的認識。

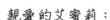

親愛的艾蜜莉：

　　我十三歲，上八年級。我的成績在班上算好的，但不管怎麼樣，爸爸總是對我不滿意。如果我得了哈博歷史獎，他就會說：「我看啊，你的數學永遠都別想拿獎。」如果我的考試成績在全年級排在第二名，他就問我：「你怎麼就排不到第一呢？」他恨不得我是個完人，樣樣都好。為了不讓他嘮叨，有時候我只好騙他。

　　　　　　　　　　　　　　羅伯特　十三歲

親愛的艾蜜莉：

　　我是澳大利亞人，叫露西亞。我的名字很難聽，像個寡婦。別人一喊這個名字我就心煩。如果他們都叫我多莉該多好啊，就像電影裡的名字，透著一股勇敢勁。我不想做個普通人，我想做一個美麗的怪脾氣女孩，就像電影裡那樣。可是我爸爸媽媽都不理解我，還是叫我露西亞，露西亞。在我們這裡，露西亞實在太多了，爸爸媽媽根本看不出我和別的露西亞有什麼不同。

　　　　　　　　　　　　　　露西亞　十歲

親愛的艾蜜莉：

　　我爸爸是遠洋輪船上的船長，我覺得很對不起他，因為他每次出海我都很少想念他。我是不是太無情了？

　　他休假時，好不容易在家裡住幾天，我又不知道和他說什麼好了。除了問問我的學習成績，他好像對我的一切都不感興趣，你能和我談談嗎？

　　　　　　　　　　　　　　　　羅斯皮爾　十三歲

親愛的艾蜜莉：

　　我上六年級。自從媽媽生了個小弟弟，我就成了家裡的奴隸了。我今年才十歲，我爸爸媽媽整天命令我做這做那，恨不得要我把所有的家務事都包下來，我放學回來後得擦窗子，餵狗，星期天還要剪草。可是我要準備考試，要寫作業，哪裡還有時間呢？

　　我向他們解釋過，可他們說我是為偷懶找藉口。我和朋友們說了這件事，他們也想不出什麼解決辦法來。我該怎麼辦才好？你能幫我出個主意嗎？

　　　　　　　　　　　　　　　　路易斯　十歲

親愛的艾蜜莉：

　　有一件事我要告訴你。如果我有什麼事做得好，我的爸爸媽媽從來不會誇我。但只要我做錯一點什麼，他們立刻就會挖苦我，說我是個白癡，胖得像個大冬瓜，脾氣倔得像頭驢，等等等等，我聽了很難過，我覺得他們從心裡就不喜歡我。不說了，我真的需要你的幫忙。

利博爾　十二歲

　　父母都希望自己的孩子是最優秀的孩子，但如果這種願望在孩子們面前表現出來的話，就會給孩子帶來很大的壓力，結果往往適得其反。

　　一般來說，孩子都有好勝之心。許多孩子之所以對父母撒謊，是因為他們不想讓父母失望。如果辜負了父母的期望，孩子們就會覺得很慚愧。但孩子並不是超人，不可能各方面都優秀，如果不能讓父母滿意，往往只好撒謊來哄他們高興，可是事後又會有一種負罪感，因為那畢竟是欺騙了最愛他們的人。

　　我小時候就對母親撒過類似的謊，直到今天，我一聽到

我是羅斯皮爾,今年十三歲。

　　我的煩惱是——爸爸總是不關心我和媽媽,有時甚至對我很冷漠。儘管這樣,我卻無法恨他,有時心裡還很需要他。

達琳這個名字,仍然心有餘悸。達琳是鄰居家的孩子,和我同班。在我整個小學期間,我母親整天對我說「你要是像達琳那樣該多好啊!」在她眼裡,達琳簡直是完美的化身,她是完美無缺的女兒,十全十美的學生,長大了必將是個完美的公民。

　　我母親最津津樂道的是，達琳從不給她的父母添麻煩，而且還能為父母分憂解愁。

　　現在想來，當時我母親只不過是把達琳理想化了，她所塑造的那個達琳是不真實的，她只是希望我能符合她的理想。事實上，她並沒有因為我不符合那個形象而不愛我，但年少的我並不明白這一點，每次母親一提到達琳我就會暗暗生氣，甚至開始恨達琳。我常常幻想達琳大禍臨頭，身敗名裂。在這種幻想中，我彷彿看見報紙的頭版出現了這樣的標題：達琳考試不及格；達琳在舞台上演奏小提琴時拉錯了音符；達琳因偷香腸被警察送進了感化院。

　　孩子們如果認為父母不喜歡他們，他們的內心是很痛苦的。有個叫貝蒂的十一歲女孩對我說，她母親不喜歡她，因為她的眼睛是灰色的。當我和她母親交談時，她母親斷然否認這一點，不過她承認，她希望女兒的眼睛是藍色的，但決不會因為不是藍色而不喜歡她。

　　我小時候，母親常說我不能理解父母的苦心。她說的不錯，孩子們確實只關心與他們緊密相關的事情，就像貝蒂只關心她媽媽對她長相的看法一樣。孩子們並不像我們想像的那樣，什麼也不知道，事實上他們能非常敏銳地捕捉到父母的好惡，並且深受影響。

　　如果父母總是對孩子感到失望，相應的，孩子也會對父母感到失望，並且常常幻想家裡發生了不幸，來發洩自己的怨氣。

親愛的艾蜜莉：

　　你還在寫關於家庭的小説嗎？我有一些很好的素材想提供給你，都是和家庭有關的。這一次先説三個。

　　第一個：有一位母親喜歡胡亂花錢，她把家裡的錢都用來買一些用不上的東西，她買的絲綢睡衣塞滿了整個大衣櫃，一家人一輩子也穿不完，可是家裡的汽車壞了沒有錢修，她丈夫只好走路去上班。有一天，她丈夫實在無法忍受了，就和她離了婚，還帶走了她唯一的孩子。

　　第二個：一群強盜抓走了一位母親，還強姦了她，然後把她扔在沙漠裡。就在她快渴死的時候，一架直升飛機發現了她，把她送到了醫院。她把這一切都告訴了醫生，但她的孩子一直不知道母親的遭遇。

　　第三個：有一位母親自殺了，剛開始她的孩子不知道該怎麼辦，整天哭，但後來她靠自己的努力成了著名的電視主持人。

　　　　　　　　　　　　　　　　艾麗絲　十一歲

　　孩子們出於一種隱秘的怨恨，有時會幻想父母遭到不幸。這當然並不説明孩子不愛自己的父母，幻想只是排遣的需要，在無法和父母坦誠交流的情況下，這也許是解除心理壓力最有效的辦法了。一旦家裡真的遇到了不幸，有過那種幻想的孩子又會感到十分內疚，以為不幸是自己導致的。他們越內疚，心理壓力就越大，因而那種隱秘的怨恨就會越強烈。

　　我小時候就有過那樣的幻想，也受到過負罪心理的折磨。其實那是因為我不敢公然表達自己的氣憤，才會去幻想災禍。我當時總覺得母親喜歡不問青紅皂白就指責我，比如有一次，我的朋友來我家玩時，在客廳裡被地毯絆了一下，把桌上的一碗湯打翻了，湯水全流到了地毯上。事後母親就開始數落我，我覺得很委屈。多年以後我才明白，母親當時也知道那件事不能怪我，她並沒有真的生我的氣，她只是對清洗地毯感到煩惱。但在我幼小的心靈裡，卻感到自己無端受到了指責。

　　我的女兒露西性格很像我，有委屈不願當面説出來。我發現這一點後，就鼓勵她如果有什麼不滿，就給我寫一封信，寫什麼都可以，我絕不會生氣。後來她一遇到什麼不順心的事，就把自己的煩惱和想法寫在信裡，從門下塞進我的臥室。透過這種方式，她的怨氣得到了發洩。而我透過讀信，也了解了她的很多想法。

　　兒子吉米的性格像他爸爸，什麼事都喜歡直來直去，有什麼不快全都掛在臉上。他特別生我的氣時，就會大喊大叫，對著沙發拳打腳踢，等他發洩完了，我們也就講和了。

直到現在他還是有話就說，當然脾氣比小時候已經好多了。

　　回想自己的童年，我真希望那時候我敢於表達自己的憤怒，真希望那時候我就知道，就算我表達了自己的不滿，父母還會一如既往地愛我。

2 孩子間的戰爭

親愛的艾蜜莉：

　　我哥哥老是欺負我。爸爸媽媽一不在家，他就
捉弄我，我要是不服氣，他就打我。我告訴了爸爸
媽媽，可他們説，既然你哥哥脾氣不好，你別惹他
就是了。而哥哥從來就不承認那些事，我該怎麼
辦？

笛福　九歲

　　孩子和孩子之間常常會發生矛盾，這是很正常的事，但
問題是，面對這種情況，大人應該在其間充當一種什麼樣的
角色，如果這個問題處理得不好，就很容易使孩子受到傷
害。

　　一個叫尤根斯的孩子對我説，他是家裡的受氣包，是三
兄妹中最不受父母喜愛的。尤根斯有一個比他大兩歲的哥

親愛的艾蜜莉：

　　我弟弟比我小一歲，可家裡所有的人都向著他。如果我不讓他動我的玩具，他立刻就會跑去告狀，爸爸就會教訓我說：「卡絲洛，做人要慷慨。」可如果我想玩弟弟的玩具，爸爸媽媽就會說：「不要欺負你弟弟！」他們對我太不公平了，但我不能跟他們說，說了會把他們氣死的。

　　　　　　　　　　　　　　　卡絲洛　九歲

親愛的艾蜜莉：

　　我有很多煩惱要告訴你。我弟弟是媽媽的寶貝，她什麼事都向著他。只要弟弟哭了，不管是什麼原因，媽媽都會朝我喊：「拉德爾，不許欺負弟弟！」可事實上，每次都是他在欺負我。我向媽媽作了解釋，但她從來不說弟弟，好像弟弟從來都不會錯，惹事的總是我。

　　我弟弟太霸道了。有一次，他無緣無故把一個網球砸在我鼻子上，我的鼻子都流血了，可媽媽竟然沒有懲罰他！再這樣下去，我怕我會忍不住揍他一頓，我怎樣才能讓媽媽不再向著弟弟呢？

　　　　　　　　　　　　　　　拉德爾　九歲

哥，在他下面還有一個比他小三歲的妹妹。他說哥哥由於是家裡的第一個孩子，所以父母特別寵愛他，他在家裡簡直是呼風喚雨，有求必應。妹妹是家裡唯一的女孩，加上年紀最小，因此也很受寵愛。而他夾在中間，從來就得不到家人的關注。大人們除了讓他做更多的家務外，還不准他回家太晚。可他哥哥有一次和同學在野外過夜，把父母急壞了，差點報了警，事後卻一點也沒有責備他。總之，哥哥和妹妹都是父母的寶貝，就他卻不受重視。

很少有父母願意承認，他們偏愛幾個孩子中的某一個，至少從理智上誰也不願意這麼做。但由於對這類問題處理不當，使得一些孩子產生了尤根斯的那種心理。

我的哥哥溫斯頓比我大五歲。他倒是沒打過我，不過捉弄我的事是經常有的。我印象最深的是，有一次他的幾個同學到家裡來玩，他一把抱起我，說要把我扔下去，還喊著要樓下的同學接住我。我嚇壞了，不停地尖叫，而他們那夥人卻哈哈大笑。

說實話，我當時還有點喜歡被他作弄，如果做得不是太過分的話。小時候我很希望哥哥帶我出去玩，而讓他捉弄一下能使他對我有興趣。但隨著年齡的增長，尤其是上了學之後，我就不願意像個小丑一樣逗他們開心了。在學校，溫斯頓比我高五個年級。在當學生的那些年裡，我和他的關係並不親密。他平時不大和同學來往，喜歡一個人關在屋裡玩賞他的郵票和蝴蝶標本。後來他上了大學，家裡就剩下了我一個孩子了。

如今我們都已長大成人，有時候我會和他一起回憶童

我是卡絲洛，今年九歲。
　　我的煩惱是──爸爸、媽媽總是向著我弟弟，他們一點都不愛我。

年。有一次我告訴他，我小時候從來沒有嫉妒過他，也沒想過要和他爭吵。

　　「你犯得著嗎？」哥哥反問我，「你是全家人的寶貝，大人都向著你，你還有什麼可爭的呢？」

　　也許他說的是事實，但他的話還是很讓我吃驚。我記得小時候父母說過，溫斯頓是個發明天才，上小學時就能自己組裝收音機。不過，他的學業成績很普通。父母對他有些失望。也許是因為我感覺到了父母的失望，所以我就採用了與溫斯頓不同的方式，去討父母的歡心。雖然從來沒人說過我是個天才，但我的學業成績總是名列前茅，朋友也多。我的

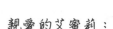

親愛的艾蜜莉：

　　也許我遇到的問題不是最嚴重的，不過我還是想說。我有個姐姐，她很壞，現在上十二年級，畢業後就該上大學了。就因為她快走了，我的爸爸媽媽就更加喜歡她了。可是僅僅因為她要走了，就什麼事都順著她，也太不公平了吧！以前媽媽對我多好啊，現在卻把我晾在一邊，整天和姐姐有說不完的話。

　　媽媽生日那天，我送給她一枚聖開姆尼茲紀念郵票。媽媽喜歡集郵，那枚郵票是我用一串印地安珠子和同學換的。媽媽一打開盒子，非常高興。她說：「啊，貝琪，我太喜歡了！謝謝你。」那一刻我也很高興，可是等她打開姐姐的盒子時，爸爸居然跑到房間裡拿來照相機，把那個鏡頭拍了下來。而姐姐送的不過是一枚伊比利亞風景郵票，那種郵票滿街都是，根本不能和我的比。可媽媽卻摟著姐姐親了又親。

　　唉，我毫無辦法，只有等了，等姐姐走了，家裡才能恢復正常。

貝琪　十歲

親愛的艾蜜莉：

　　我有個表妹，她比我小一歲，越來越討厭了。其實我以前還滿喜歡她的，可是現在，她長得比我還高。也許你會說，長得高有什麼好討厭的。問題是她和我在一個班，人家見了我們在一起，總是說她比我大。這簡直是我的恥辱。

　　以前她什麼都聽我的，就知道討好我，可現在對我卻愛搭不理的，好像她成了表姐似的。我氣得快瘋了。這種情況是不是不正常，也許你可以寫一本這方面的書。

　　　　　　　　　　　　　　　　林妮　九歲

親愛的艾蜜莉：

　　有一個問題，折磨我很久了。我好像什麼事都做得不如別人好，也許我生來就笨，不會畫畫，不會彈鋼琴。前幾天我寫了一首詩，想在班上朗誦，我先在私下念給我最好的朋友聽，可她說那根本不算詩。聽她這麼一說，我再也沒有勇氣在班上念了。

　　我姐姐和我完全不同，她各方面都很厲害，不但功課好，還有很多特長。老師們都以為我會和她一樣厲害！可我一點都不像她，這讓他們很失望。有一次我念錯了課文，瑪莎老師說：「你有你姐姐一半用功就好了。」其實那天念錯並不是因為不用功，我太緊張了。唉，我該怎麼辦呢？

　　　　　　　　　　　　　　　　阿瑞卡　十一歲

童年比哥哥過得愉快，也許主要是因為父母對我的期望不像哥哥那麼高，因此沒有對我感到失望，使我少了很多精神包袱。

　　就像所有的兄弟姐妹一樣，我的兩個孩子，露西和吉米也為贏得父母的寵愛而競爭。露西是姐姐，比吉米大兩歲，她羞澀、嫻靜，像我小時候一樣，不敢大膽地表露自己的想法。而吉米正相反，他開朗活潑，喜歡幻想，愛追根究底。不過他膽子小，晚上睡覺怕鬼。他們很小的時候，關係十分親密，可是十歲以後就開始吵架，吵了七八年，上了大學後又突然親密起來，成了最好的夥伴。這讓我倍感欣慰，我真希望他們能永遠這樣互相關愛，我還希望將來他們有了後代，孩子們也會彼此關愛。這對一個母親來說，真是莫大的幸福。

　　在我十幾歲的時候，我和哥哥的關係也不好，有一個時期甚至話都很少說。現在我們都已年過四十，又重新和好如初了。我們一起回憶童年，可以一坐就是幾個小時。

　　直到今天，我才深切地體會到，理解和寬容在家庭生活中有多麼重要。雖然，我們所期望的完美在家庭生活中不存在，但只要我們學會理解和寬容，多年以後再回首往事，就一定會少留下一些遺憾。

3 我是撿來的

　　被領養的孩子和別的孩子有很大的不同，他們對自己被領養這一點十分敏感，這個問題往往會給他的家庭帶來很大的危機。

　　我認識一個十二歲的小女孩，也是從小就被收養的，有一次她告訴我：「要讓我媽媽哭太容易了。我只要說一聲『我要去找我的親媽！』就行了。」也許這是我從孩子那裡聽到過的最無情的話。她媽媽對她並不壞，一開始我很不理解她為什麼要說那種話。但讀了很多孩子們的來信後，我明白了，大多數被收養的孩子想法和其他孩子有很大的不同。雖然很多孩子都在信裡說想離家出走，但真要出走，對他們來說還是一件十分痛苦的事情。

　　從孩子的角度來看，每一個被收養的孩子都想知道自己的生身父母是誰，因此，養父母沒有必要把它看成是對自己的威脅。但同時，孩子也不應該把它當做對付養父母的絕招。

　　其實，就連那些並非收養的孩子，有時也會懷疑自己是被撿來的，尤其是他們和家人格格不入的時候。

親愛的艾蜜莉：

　　我以前不知道我媽媽為什麼對我那麼凶，上個月我知道了，原來我是她從醫院撿來的，那時候我才一個月，什麼也不懂。現在我上六年級，我媽媽總是要我做這做那，不准我出去玩。昨天我說到要去找我的親媽，她氣得快瘋了。我很害怕，不知道該怎麼辦，你能幫幫我嗎？

　　　　　　　　　　　　　維特尼　十一歲

親愛的艾蜜莉：

　　我媽媽什麼事都要管。她不讓我和維尼雅來往，她說維尼雅是個壞女孩。可我覺得維尼雅一點也不壞，就是性子有點野。可媽媽每次看見我和維尼雅在一起，就會當著別人的面罵我。

　　我在家裡的日子不好過，特別是有一天我知道了她不是我親媽以後，日子就更難過了。最讓我傷心的是，我媽媽的態度說變就變，有時候對我很親密，又是帶我出去玩，又是給我買禮物，可是轉眼間，她一不順心就會對我大發雷霆，弄得我好緊張，生怕一不小心得罪了她。現在我和她快沒有什麼話說了。我想過離家出走，可是一直沒有下定決心。我也想過和媽媽一起去看心理醫生，但又開不了這個口。我該怎麼辦呢？

　　　　　　　　　　　　　莫麗卡　十一歲

我是艾迪，今年六歲。

　　我的煩惱是──媽媽老是罵我，讓我感覺
到我不是她的孩子，我覺得我的媽媽應該是一
位女王。

親愛的艾蜜莉：

　　我六歲，已經會寫字了。今天我家的貓跑掉了，我沒有趕牠走，可我媽媽罵了我，說都怪我。我知道她不是我媽媽，我媽媽是一位女王，我生下來那天，醫院把我和另一個孩子搞混了。等我長大了要去找我的媽媽，她一定會喜歡我的，她不會隨便罵我。

艾迪　六歲

　　家庭中許多矛盾原本並不尖銳，由於長期得不到解決，會逐漸積累成十分嚴重的問題，甚至導致孩子離家出走的情況出現。因此最好的辦法就是把危機消滅在萌芽狀態。如果大人和孩子都覺得開不了口，應該去找老師或者其他值得信賴的人，把自己的真實想法告訴他們，事實證明，家長和孩子通過他們是可以進行有效溝通的。

4 好父母住在隔壁鄰居

　　很多孩子都希望自己的父母和別人的父母差不多。如果
父母的社會地位或受教育的程度不高，他們就很擔心父母的
舉止會使他們沒面子。但同時，不少孩子也不喜歡父母過於
出眾，那樣的話，他們就會被別人關注和議論。

　　我小時候就很在乎父母的舉止，儘管我父親很會待人接
物，但有朋友到我家裡來時，我仍然擔心他的言談舉止不得
體。後來我自己有了孩子，有一個時期，兩個孩子對我吹毛
求疵，直到他們成年後，才開始為我感到驕傲。

　　我的朋友惠特尼是一位大學教師，有個女兒叫凱莉。她
和女兒的關係本來十分親密，可是凱莉上了高中以後就和她
漸漸疏遠了。現在凱莉處處和母親唱反調，對她的一舉一動
都看不順眼。這使惠特尼非常痛苦。她竭力想重新贏得女兒
的愛戴，結果事與願違，她的努力越大，凱莉就越否定她。
前不久母女倆還為一件小事吵了一架，凱莉聲稱要靠自己的
錢上大學，沒有母親她也完全可以獨立生活。

　　惠特尼向我訴苦，說她實在無法忍受被自己的女兒當成
敵人。我和凱莉長談後發現凱莉並沒有把母親當敵人，只是
對母親的一些舉止不滿，事實上她很愛母親，正因為這樣她
才那麼在乎母親的一舉一動，以至於到了吹毛求疵的地步。

　　我告訴惠特尼，凱莉的心理在青春期的孩子中是很普遍

親愛的艾蜜莉：

　　我今年九歲，住在色肯尼。上個月我媽媽找了份工作，是在一家公司作調查員，要挨家挨戶跑。我心裡真有說不出的滋味。我那些朋友的媽媽都在家待著，可悠閒了。當然，托馬斯的媽媽也在外面工作，但她是會計，坐在辦公室裡，又乾淨又體面。我媽媽每天早晨七點就出去，晚上十點才回來，而且總是穿著舊衣服，可別人的媽媽總是穿裙子的。唉，有時候別人問起我媽媽，我都不知道怎麼說才好了。

海蒂　九歲

親愛的艾蜜莉：

　　我有很多問題想告訴你。今天就先講講我媽媽和我哥吧。我媽媽什麼也不懂，一有朋友來，她就亂說話，亂開玩笑，結果出盡了洋相。可她是我媽媽，我能有什麼辦法呢，我什麼都不想和她說。

　　我哥哥叫雷恩提，上七年級，他樣子非常土，非常難看，別的孩子都瞧不起他。有一次我的同學多娜帶我去見她的朋友，她剛要介紹，她那個朋友就嘲笑說：「我認識她，她就是雷恩提的妹妹嘛。」當時我心裡真是難過極了。下次給你寫信時，我會告訴你更多我家裡的事。請你告訴我，怎麼才能讓我媽媽跟上潮流。

麗博卡　十一歲

我是海蒂，今年九歲。

　　我的煩惱是——媽媽老是穿著舊衣服，她不像別人的媽媽那樣總是穿著漂亮的裙子。弄得我在同學中很沒面子

的，只不過凱莉表現得突出一些而已。雖然父母沒有必要為了討孩子喜歡而改變自己的習慣，但對孩子的挑剔多一些寬容還是必要的。當孩子們長大成人後，他們少年時對父母的不滿全都會被歲月帶走，而最後留在他們心裡的只有對父母的愛。

Children's secrect letter
孩子們的秘密書信

32

【第二扇門】學校

1　好教師太少了

親愛的艾蜜莉：

　　我叫布里基特，今年上六年級。我覺得我是個做大事的料，可我的老師卻說我是個百分之百的傻子，給我打的分總是特別低。我的功課其實還不錯，除了數學都能得A，但老師一口咬定，說我太懶。我知道真正的原因是她不喜歡我。我舉手的時候她從來不叫我，但只要我不舉手，她肯定要叫我回答問題，然後乘機數落我一頓。我真的很憤怒，這明明是在刁難我。

布里基特　十一歲

　　去年，我表姐的兒子湯姆上了幼兒園。剛開始他還歡天喜地，但不到一個月他就開始哭鬧、耍賴、裝病，死活不肯再去幼兒園。無奈之下，表姐向我求助，我決定搞清楚湯姆不想去幼兒園的真正原因。我觀察了幾個星期才發現，原來

湯姆不去幼兒園是因為他學不會剪紙，當然，他本人並不承認這一點。透過進一步了解，我發現，湯姆是班裡唯一的左撇子，而美勞課用的剪刀是專為右手設計的。後來我讓丈夫為湯姆做了一把左手使用的剪刀，問題就迎刃而解了。在大

親愛的艾蜜莉：

　　我兒子上一年級，特別怕去學校。因為他的老師希倫小姐偏愛女生，對男生特別凶，經常用筆桿敲他們的頭，甚至扇過一些男同學的耳光。據我兒子說，有幾次他背不出課文，老師就罰他站一節課，還當著全班同學的面說他是「傻鐵匠」。

　　為這事我找過校長，可是他說每一位教師都有自己的教學方法，他並不認為希倫小姐做得過分。我提出讓孩子換一個班，校方也不同意，說是怕影響教師的情緒。我也和其他孩子的家長談過，可他們都抱著無所謂的態度。我想把孩子轉到私立學校，但又付不起那麼高的費用。現在我幾乎是在逼著孩子去學校，除此之外，我真不知道還有什麼辦法。

　　　　　　　　　拉維麗　（學生家長）

我是安妮，今年九歲。

　　我的煩惱是——最害怕老師罰我抄課本。

　　人看來，為這點小事就逃避上學是很可笑的，可是在孩子眼裡卻是個非常嚴重的問題，因為事關他的尊嚴。

　　以前，我筆下的教師大多是和藹可親、細心敏銳的，但

讀了很多孩子的來信之後，我的看法發生了一些改變，也許大部分教師都是負責的，但細心的教師，尤其是善於從孩子的角度去了解孩子的教師卻並不多。

親愛的艾蜜莉：

　　我叫特絲亞，今年上三年級。上次有人參觀我們學校，我被老師罵了一頓，因為我沒有換上白統襪。老師從來不管我們喜歡不喜歡，她只要參觀的人喜歡就行了。

　　　　　　　　　　　　　　特絲亞　九歲

親愛的艾蜜莉：

　　我的老師安娜貝拉小姐太不公平了。上次因為傑克扔了一個紙團，她就罰全班同學抄課文。

　　這次有人上課時隨便講了句話，她就對全班同學失聲大叫，放學後全都不准回家。她罰我們寫「我保證不再隨便講話」，每人寫兩百遍。這實在太不公平了，別人講話為什麼要我們跟著受罰。

　　　　　　　　　　　　　　　安妮　九歲

　　學校生活是孩子進入社會的預備階段。在學校，孩子們除了學習知識，也許更重要的是學會怎樣與人相處，因此，老師對他們的影響是十分重要的。我女兒露西上三年級的時候，她的老師和安妮的老師差不多。露西總是覺得自己受了委屈，我和校方說過這件事，校方並沒有採取什麼舉措。在這種情況下，我總是耐心地聽露西訴苦，這樣做雖然不能使她的老師改變態度，但至少可以讓她知道我是支持她的，這在一定程度上減輕了她的苦惱。

2　被欺負

　　為了深入了解孩子們相處的情況，我經常和鄰居家的孩子喬安娜交談。喬安娜正在上六年級，放學後喜歡到我家來玩，跟我講班上的同學是如何拉幫結派互相爭鬥的。喬安娜性情溫和，不愛得罪人，因而沒有參加任何「幫派」，在班上是個中立分子。

　　有一個星期天，喬安娜到我家來玩時顯得很不安，她告訴我，最近她們班上的小幫派頭頭正在攻擊一個叫蘇姍的女孩，有一天中午，那個小頭頭帶著幾個部下把蘇姍拖到沒人的地方，對她進行了「審判」。最後判了她500年的有期徒刑。蘇姍原本是個中立分子，喬安娜對此感到很不安，怕有一天自己也成為她們的攻擊目標。

　　我問喬安娜，蘇姍有什麼罪。喬安娜搖搖頭說不知道。於是我告訴喬安娜，蘇姍犯的是缺乏勢力罪。在學校，一個孩子如果沒有勢力，即使沒有得罪任何人，也可能成為別人欺負的對象，這正是喬安娜驚恐不安的原因。我問喬安娜，老師知不知道這些事。她說不知道，因為被欺負的孩子怕遭到報復而不敢告訴老師。

我是戴安娜，今年十二歲。

　　我的煩惱是——在學校我老是被大同學欺負，還好我把這事告訴了家長和校長。他們才不敢再欺負我

　　我丈夫告訴我，他上小學的時候也遇到過類似的事情，他們班上有一個叫西蒙的小頭頭說要殺了他，他信以為真，一連幾個月都是在煎熬中度過的。我問他為什麼不告訴父母或者校長，他搖搖頭說，連想都沒想過，因為那時候覺得這樣做很丟人。

　　在我收到的信中，有很多都提到類似的事情，讀了這些來信，我心裡非常難受。我想，如果我的同事們整天從精神上恐嚇我，從肉體上折磨我，而我卻拿他們毫無辦法，每天

親愛的艾蜜莉：

　　我叫米蘭達，住在白人區，我是班上唯一的黑人。我在學校幾乎沒有朋友，那些白人孩子動不動就欺負我。乘校車的時候，她們故意擠我，踩我的腳。如果我想找個座位坐下，馬上就有人朝我喊：

　　「哎，那個位子有人了。」

　　我問：「誰坐這兒？」

　　她們就說：「不是安娜就是凱莉。」

　　可是安娜和凱莉明明坐在別的座位上，我問安娜或者凱莉：「那是你的位子嗎？」她們就說：「沒錯，那是我的位子，你不能坐。」

　　然後她們就開始哄笑。我只好走到前面去和男孩子坐在一起，男孩子雖然不和我說話，但並不欺負我。每次我都在心裡說，別跟她們計較。可是心裡還是非常難過。有時候我真想報復那幾個女孩，但我相信上帝正在看著我，總是下不了決心那麼做。事實上，我真要是發起火來，什麼事都做得出來。沒有人知道我在強迫自己保持冷靜。可是如果我再不給她們點顏色看看，她們會更加過分的。

　　　　　　　　　　　　　　米蘭達　十二歲

親愛的艾蜜莉：

　　我叫多娜，上六年級，馬上就要畢業了，可我不想上學了，一天也不想在學校待了！我們班有個女孩很有勢力，所有的人都聽她的。我從來沒有惹她，可是有一天她硬說我去校長那裡告了她的狀，就發動所有的人反對我。弄得所有的同學都不理我。她們還到老師那裡造我的謠，現在連老師都討厭我，說我性格古怪！

　　我真希望你在寫下一本書的時候，把我這種情況寫進去。如果那樣的話，我會好受些。

　　　　　　　　　　　　　　　　多娜　十一歲

親愛的艾蜜莉：

　　這個學期所有的同學都一起嘲笑我。好像所有的壞事都是我做的。剛開始我不理他們，以為過一段時間他們就沒有興趣造我的謠了，可是現在看來，根本沒用。有時候我真想和他們打架，可是他們人太多了，個子又都比我高。我該怎麼辦，請你一定告訴我。

　　　　　　　　　　　　　　　　羅賓斯　十二歲

親愛的艾蜜莉：

　　我叫瑪利亞，是英國約克郡人，今年十三歲。有件事我不能和爸爸媽媽說，就想和你談談。

　　我正在上七年級，不知怎麼搞的，我這兩年突然胖了起來。那些男生都說我是個啤酒桶，他們這麼一說，女孩們就笑，這真讓我無法忍受。我真的非常傷心，我不想上學了，可是又不能對爸爸媽媽說。本來有很多話要對你說，但拿起筆來又不知道說什麼好了。如果收到你的回信，我會很高興的。

　　　　　　　　　　　　　　　　瑪利亞　十三歲

早晨不得不硬著頭皮去上班。這樣的日子我過得下去嗎？絕對過不下去！用不了半年，我一定會發瘋的。如果遇到這種情況，我肯定會辭職，另找一份工作。

　　可遇到這種不幸的孩子們就沒有這麼自由了，他們必須聽父母和學校的安排。一些孩子在少年時期，喜歡拉幫結派擴張自己的勢力，然後就欺負別的孩子。而大多數受了欺負的孩子，都不願意把情況講給家長或者老師聽，他們覺得這樣做只能證明他們是「軟骨頭」、「怕死鬼」。這正是青春期孩子的普遍心理。即使有的孩子真的告訴了大人，很多成年

人也會認為孩子那麼小，根本沒有什麼真正的麻煩，因而孩子向他們訴苦的時候，他們從來不當回事。這種態度真讓我憤怒。其實，孩子們遇到麻煩時一點也不比大人輕鬆，他們的苦惱同樣是真正的苦惱。從某種程度上說，孩子們的問題

親愛的艾蜜莉：

　　我叫霍克司，今年十二歲，剛上初中。

以前，我上小學的時候，和所有的人關係都很好，就是不認識的孩子見了我，都會跟我打招呼。可是上了初中以後，那些高年級的同學開始欺負我了，他們見了我就叫我「小東西」，命令我為他們跑腿，或者做這做那。如果我不服從，他們就欺負我，把髒東西扔到我身上，朝我吐口水，絆我。我告訴了校長，但他說學校裡都這樣，他也沒辦法。有一次，吃午飯的時候，一個十一年級的孩子把喝剩的湯倒在我的盤子裡，我實在忍無可忍，就把一盤午餐全扣在了他頭上。結果他把我打得流鼻血。

　　現在我在褲袋裡放一把小刀，但我自己也不知道再遇到那樣的情況，我有沒有勇氣把它拿出來。

　　　　　　　　　　　　　　　　霍克司　十二歲

與成年人相比更有解決的必要。因為那些問題可能會影響他們的一生。

　　來向我諮詢的一些成人告訴我，他們由於小時候經常遭到同學的欺負或羞辱，自尊心受到了嚴重的打擊，直到長大成人，仍然缺乏自信，無法和別人好好相處，這給他們的生活和事業帶來了很大的麻煩。

　　其實，孩子們之間怎麼相處，在很大程度上取決於老師的態度。老師雖然不能使這種現象得到根除，但如果老師對

　　親愛的艾蜜莉：

　　　我叫戴安娜，上七年級。上個月我在學校天天被高年級的一夥人欺負，他們用刀頂住我的喉嚨。我嚇得快要發瘋了！後來我忍無可忍，就對爸爸說了這件事。他領著我去找校長反映，校長又去找了那些孩子和他們的家長。事情很快就解決了。

　　　像我這樣的情況，在學校是很常見的。我想告訴每一個受了欺負的人，如果他們自己解決不了，就應該馬上告訴父母或校長。我認為這樣做並不丟臉，那些仗著人多勢眾欺負別人的人才丟臉。

　　　　　　　　　　　　　　戴安娜　十二歲

學生的言行很敏感，並在班上安排學生討論人與人應該如何相處的問題，營造一種溫暖、友善的氣氛，拉幫結派互相欺負的行為就會大大減少。我丈夫小時候要是遇上了這樣的老師，他就不會受那幾個月的折磨了。

　　作為家長，如果你的孩子跟你談起學校裡的事情，和你講同學之間是如何相處的，你一定要耐心聽下去，要鼓勵他們把自己的恐懼和想法說出來。讓孩子們感覺到父母真心讚許他們的同情心，是非常重要的。也許你的孩子並沒有受到欺負，但你仍然有必要讓他們設身處地地想一想，這種事情如果落在他們頭上，他們將怎麼辦。

　　大人應該消除孩子的顧慮，告訴他們，受到了欺負並不是丟人的事。如果他們自己解決不了，就要像戴安娜那樣，去找值得信賴的人幫忙，父母或者老師都行。

3　好朋友，壞朋友

親愛的艾蜜莉：

　　我今年十二歲，上六年級。我有兩個朋友，一個叫海蒂，一個叫喬安娜。我們三個人非常要好，但也常常吵架，有時候這兩個特別好，有時候那兩個又打得火熱。

　　上個星期，喬安娜的母親到我家來，和我母親談了一個小時。她走後我母親很不安。她說喬安娜的母親對她說，我和海蒂在造喬安娜的謠，希望她加以制止，還說「孩子們心狠著呢」。聽到這些話，我真的很生氣，我覺得喬安娜是個叛徒，我們根本沒有造她的謠，而她卻向她母親告狀。我和海蒂決定真的不理她了。可是喬安娜知道後，又向我們解釋說，她根本沒有說過那些話，她只是和母親說了說我們三個是怎麼相處的。

　　現在我真不知道該不該和她講和，很想聽聽你的意見，請給我回信，好嗎？

貝蒂　十二歲

親愛的艾蜜莉：

　　我有件事很想和一個大人談一談，但我不能和爸爸媽媽談，因此就想到了給你寫信。是這樣的，我有個朋友叫阿麗卡，我們都是十歲。以前我們非常要好，一起說悄悄話，一起玩，在童子軍裡我們在一個小組。可是最近我和她吵翻了，因為阿麗卡加入到維拉那一夥裡去了。

　　維拉是個很壞的人，有很多部下，動不動就對我們發號施令，我們穿什麼，和誰來往，買什麼牌子的東西她都要管。阿麗卡和我曾經發過誓，絕不加入她們那一夥，可是最近她卻整天跟在維拉屁股後面。前幾天我去找她，她對我愛理不理的。當時我很生氣，就和她吵了一架。我心裡非常難過，因為我沒有別的朋友。

　　　　　　　　　　　　　　莫麗卡　十歲

親愛的艾蜜莉：

　　我有很多話要對你講，但願你能讀到我的信。以前我有很多好朋友，可是這個學期，她們對我的態度完全變了，總是聯合起來欺負我，還給我起了一個綽號，叫「瓶塞子」，「瓶塞子」在我們這裡是傻子的意思。事實上，我一點不傻，我的功課門門得A，我會拉小提琴，舞跳得也好。我從來沒有得罪過她們，可她們總是在背後說我的壞話。上個學期，我們一起排了一個戲，這個學期離上演還有一個星期的時候，她們卻把我踢開，讓另一個女孩來演我的角色。一個比一個能撒謊。有時候她們也來找我玩，想和我講和，可是用不了幾天，又欺負我了。她們不和我玩，我不在乎，我可以交新的朋友，可問題是，我一交新朋友，她們就在我的新朋友面前說我的壞話，弄得人家不敢和我來往。她們個個都愛撒謊，我真的無法忍受了。

　　　　　　　　　　　　　　　　惠特尼　十歲

親愛的艾蜜莉：

　　我叫希拉蕊，大人們都說我比別的孩子要聰明
很多。情況好像確實是這樣的，比如說學拉丁文，
我不怎麼費勁就能背誦那些課文，而別的孩子整天
背還是出錯。剛開始老師們誇我我還挺高興，可後
來就高興不起來了，我發現朋友們漸漸地和我疏遠
了，就連我最好的朋友艾瑪也是這樣。她說既然我
是個天才，將來肯定會瞧不起她，不如早點散夥。
我不知道怎麼才能讓她明白，我不是那樣的人。
唉，有時候我真希望自己傻一點才好。

希拉蕊　十一歲

　　孩子之間偶爾有點爭執是很正常的事，他們通常總是很
快就重歸於好，像從前一樣親密無間。因此面對孩子們的這
類問題，大人是無法替他們解決的，事實上，他們也不希望
大人插手。我們能做的就是體察到孩子們微小的變化，承認
他們心中藏著痛苦，並且引導他們更好地理解別人的感情。

　　孩子似乎比大人更怕孤獨，一個沒有朋友的孩子肯定是
不快樂的。如果一個孩子過於出眾，往往容易失去朋友，這
是一個比較普遍的現象。孩子們的世界太小了，他們單純，
同時又容易嫉妒，往往對才智過人的孩子群起而攻之，以此
獲得心理上的平衡。

親愛的艾蜜莉：

　　我叫邦尼，我有很多苦惱，很想說給你聽聽。以前我有煩惱時就跟我的朋友講，但現在她們已經聽厭了。

　　是這樣的，我以前有個朋友叫拉維尼雅，她說了別人很多壞話，事後要我替她保密，我答應了。可是有一天我和別人聊天的時候，不小心說漏了嘴。結果拉維尼雅就開始恨我，整天和我過不去。我向她道過歉了，還請她吃了飯，我以為這下沒事了，可是前幾天她又和我翻臉了，還拉攏了其他的女孩和我作對，說我是叛徒。我心裡非常難過，現在說出來就好受多了。

　　　　　　　　　　　　　　邦尼　十二歲

親愛的艾蜜莉：

　　我現在的煩惱多得數也數不清，我都不知道該從哪兒開始說了。就說最近發生的一些事吧。我們班的海倫娜和傑茁已經把我當仇人了。事情是這樣的，我們年級排了一個戲，海倫娜是女主角。上演那天，海倫娜演公主用的花冠找不到了，傑茁說是我拿的，因為那天下午我主動幫海倫娜整理過道具。

海倫娜信了傑茁的話，不管我怎麼解釋也沒用。我可以向上帝發誓，我真的沒拿，真的！

第二天我到了學校，我發現所有的女孩都拿眼睛瞪我，男生都看著我直笑。我一看黑板，天哪！上面寫著，「羅麗斯是偷東西的醜巫婆！」，在我的名字下面還畫著一張豬臉。當時我氣得眼前發黑，一句話也說不出來。這是誰幹的？對了，是傑茁！還有海倫娜！我說不出話來，只能盯著傑茁的眼睛。她白了我一眼，就把目光避開了。她造了我的謠，所以心虛，不敢看我的眼睛。整整一天我都頭暈，我好幾次想衝出教室，跑回家去，可是我邁不動腿，只能像木偶一樣坐在那裡。

放學後，我回到家裡才開始放聲大哭，我的樣子狠狽極了。我媽媽不但不安慰我，還問我：「你真的沒拿？」連媽媽都不相信我！也許是因為我跟她說過，我想演那個公主，可這能說明什麼呢？我想演，難道就一定會把海倫娜的花冠藏起來嗎？

現在，班上所有的人都和我作對，我告訴了老師。老師說你別理他們，過幾天就沒事了，可是已經過了快一個月了，他們還是叫我小偷、胖巫婆。我的日子太難過了，昨天晚上我又大哭了一場。我

想過自殺，也想過離家出走，雖然我暫時沒有勇氣去做，但這些想法總是在腦子裡出現，有一天我再也無法忍受的時候，我會做的。

學校比地獄還可怕，我再也不想去了，但我沒有對媽媽說，她只會嘮叨個沒完，我爸爸總是在外面出差，根本沒時間管我的事。今天我病了，沒有去學校（我真希望永遠病下去），就給你寫了這封信，請告訴我，該怎麼辦。

史蒂芬尼　十一歲

其實，不僅是孩子，大人也是如此，只不過他們更善於掩飾自己的嫉妒心罷了。我有一個朋友，是一位作曲家，奮鬥了多年終於取得了成功。她曾經一度非常窮困，那時候她的朋友都很理解她，而且樂於幫助她。但當她功成名就的時候，朋友們卻一個個和她疏遠了，甚至散布關於她的流言蜚語。有一次，她感慨地對我說，有時候她覺得自己的才華不僅不是上帝的恩賜，反而成了她孤獨的根源。

儘管我小時候沒有受過史蒂芬尼這樣的折磨，但讀了她的信，我還是能感覺到那種度日如年的感覺，每天都要去的學校，竟然成了比地獄還可怕的地方。如果史蒂芬尼能從家

　我是貝蒂，今年十二歲。
　　我的煩惱是──我和海蒂、喬安娜我們
三個是最好的朋友，但是，最近喬安娜都跟
我和海蒂鬧彆扭。弄得三個人都不舒服。我
真希望我們三個人快點合好。

裡得到安慰和理解，我想她的日子不會如此難熬。父母的信
任和理解也許不能改變孩子在學校的處境，但對一個飽受精
神折磨的孩子來說，那畢竟是一種莫大的安慰啊！

　　統計數字表明，現在的青少年自殺和離家出走的案件呈
逐年上升趨勢，我想，假如那些不幸的孩子能從父母那裡得
到安慰的話，很多悲劇都是可以避免的。

4 胖子的煩惱

親愛的艾蜜莉：

　　我覺得自己簡直是個小丑。我太胖了，沒有朋友，那些男孩嫌我笨，女孩又嫌我醜。有時候我真生父母的氣，他們為什麼把我生成這副怪模樣。現在我什麼也不敢吃，可還是那麼胖。我怎麼辦啊？

奧提　九歲

　　這個時代是以苗條為美的，太胖的孩子往往是同學們嘲笑的對象，很多胖孩子因此產生了自卑心理，整天為自己的肥胖感到焦慮。有意思的是，很多胖孩子，尤其是女孩時刻提醒自己節食，甜食更是碰都不敢碰，可是一遇到心情不好，就會忍不住暴飲暴食，「吃」彷彿成了心情沮喪時最好的安慰。我的姨媽就很胖，她感到緊張焦慮時也拼命地吃，吃完又很後悔，覺得自己苦苦堅持的減肥計劃毀於一旦了，因而心裡更加焦慮不安。

親愛的艾蜜莉：

　　我很喜歡你的書，我今年十五歲，上九年級。以前我並不胖，不知道為什麼，從初中開始，我越來越胖了。節食、運動、喝藥，我什麼方法都試過了，一點用也沒有。

　　因為胖，那些男生動不動就取笑我。上星期五，班上一個叫博克的男生湊到我面前，假裝在我臉上找什麼東西。他們那一夥人就問他找什麼，他說找氣嘴。那夥人就故意說氣球才有氣嘴，安妮臉上怎麼會有。博克就說我那麼圓，肯定是吹起來的。他一說完教室裡一片哄堂大笑，女生也笑了，笑聲特別刺耳。我下午連課也沒有上，就跑回家大哭了一場，接著就打開冰箱暴吃了一頓。我媽媽回來時，我還在吃，她一看冰箱，嚇壞了，她認為我吃下去的東西足夠把我撐死。我也有些害怕，就用手摳喉嚨，卻怎麼也吐不出來。

　　讀到這裡你是不是覺得好笑，唉，如果你沒有肥胖症，就根本體會不到我心裡有多難受。我明年就要上高中了，可我真的不想再上學，就讓我在家裡變成一頭胖豬好了，我誰也不要看到。

　　我希望你在下一本書裡，讓一個胖女孩有一個美好的結局，那樣的話，很多像我這樣的胖女孩一定會感到安慰的。

安妮　十五歲

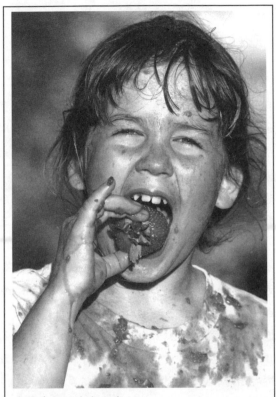

我是奧提，今年九歲。
　　我的煩惱是——我太胖了！同學們都嫌我
醜。

　　有些孩子喜歡幻想，稍微有些胖就認定自己有「肥胖
症」，強迫自己節食。對正在生長發育的孩子來說，這樣做是
非常有害的。如果你為自己的體重擔心，想改變這種狀況，
千萬不可亂節食，不妨請教這方面的專家，制訂一個合理的
飲食計畫。另外，持之以恆的運動也是保持體型的關鍵。

親愛的艾蜜莉：

　　我是一個電氣工程師，住在芝加哥。看了你的小說，我感觸特別深。因為我上中學時非常胖，那時候所有的人，甚至我哥哥都取笑我。在學校我想參加棒球隊，他們不肯要我；童子軍野營時，誰也不想和我一組；我身邊的朋友個個都有了女朋友，只有我沒有，那時我特別自卑，根本沒有勇氣約女孩。

　　不過唯一讓我感到安慰的是，我的功課始終很好，大學畢業以後很順利地進了一家著名的電氣公司。也許是上帝的安排，工作後我瘦了下來，現在完全恢復了正常體型。如今我對自己的一切都很滿意，但我永遠忘不了中學時期那個焦慮、自卑的我。那時候我要是能讀到你的書該多好啊！

　　　　　　　　　　　　　　　溫斯頓　成年人

　　當然，有的人確實用盡了各種辦法，也不能使自己的身體達到正常標準。其實，所謂「正常」也是因人而異的，我認為，只要你身體健康，心情愉快，你就是一個「正常」的人。人的體形有胖有瘦，相貌有美有醜，這本來就是很自然的事。胖與瘦並不能決定一個人是否快樂，只有在你太在乎別人的態度時，才會失去自己的快樂。

【第三扇門】火藥桶上的家

1 爸爸媽媽要離婚

親愛的艾蜜莉：

　　我遇到麻煩了，我不知道該怎麼辦，所以寫信請求你的幫助。我的爸爸媽媽整天吵架，有時候還動手，他們雖然還沒有離婚，但我感覺到那個可怕的日子總會到來的。如果他們離了婚，我怎麼辦呢？我該跟誰？我既愛爸爸又愛媽媽。最近他們不怎麼說話了，如果一說話，那肯定又是吵架。我怎麼才能讓他們講和？請你一定告訴我。

羅西妮　九歲

　　我是帶著一種很複雜的心情來編寫這一節的，作為一個長期和孩子打交道的心理醫生，我深知父母離婚會給孩子帶來怎樣的恐懼與不安，但同時，我自己又是一個離過婚的母親。如果我要以一種真誠的態度來寫這一節，我就必須提到我曾經失敗過的婚姻生活。

我是亨德爾，今年十二歲。
　　我的煩惱是──我爸爸、媽媽離婚了這件事讓
朋友看不起我，我的功課也比以前差了。什麼事都
沒有比有一個完整的家更幸福。

　　我和我的前夫阿里森是在結婚十六年後離婚的，當時我
們的女兒露西十五歲，兒子吉米十三歲。在我和阿里森離婚
之前，露西和吉米有幾個朋友的父母已經離婚了，因此每次
我和阿里森發生爭吵，兩個孩子都顯得很不安。我和阿里森
曾經向他們保證過，我們不會離婚，但最後我們沒有做到。
　　和許多破碎家庭的孩子一樣，露西和吉米也因我們的離

親愛的艾蜜莉：

　　我父母最近又吵了一架，我媽媽已經三天沒有回家了，昨天她給爸爸打了一個電話，爸爸接電話的時候我正好在旁邊，我聽見她說要和爸爸離婚。如果他們真的離婚，我和妹妹就一點辦法也沒有。我妹妹現在還不知道這件事，她要是知道的話，非哭死不可。

　　　　　　　　　　　　安德烈　十二歲

異受到了傷害。有很長一段時間，露西變得沉默寡言，經常一個人偷偷地哭，而吉米動不動就暴跳如雷，有一次還差點離家出走。我離婚後的兩年，是我一生中最痛苦、最無奈的時光。我並沒有向孩子們作過多的解釋，但不管怎樣，我始終深愛著他們，盡力去做一個母親該做的事情。隨著時間的流逝，兩個孩子也逐漸接受了這個事實，家裡又重新有了歡笑。

　　我深切地體會到，時間和愛是醫治不幸的良藥。時間可以使孩子們學會適應變化，而愛能使他們懂得寬容和理解。

　　並不是所有的夫妻離婚，都要經過大吵大鬧，有的人可能一直把自己的不滿和失望深藏在心裡。在這種情況下，孩子們是很難理解父母為什麼離婚的。

親愛的艾蜜莉：

　　我叫勞拉，我有一個姐姐。我的爸爸媽媽打架打了兩個月了，現在家裡被他們砸得亂七八糟。有一次我很想大叫一聲：「你們不要打了！」可是我不敢，只能躲到房間裡哭。姐姐打算離開這個家，一個人到外地去生活，她說她再也不想看到爸爸媽媽打架了。我哭著求她不要走，她要是走了，我的日子就更難熬了。我知道姐姐總有一天會走的，我哭也沒有用。你要是能幫幫我就好了。

　　　　　　　　　　　　　　　　　勞拉　十歲

親愛的艾蜜莉：

　　我爸爸和媽媽離婚了，爸爸搬到了萊卡區，我和媽媽還住老地方。我每星期都去看爸爸，他的屋子裡亂糟糟的，書扔得到處都是，他每次見了我都很高興，有時候還給我零花錢。我真想不通，爸爸和媽媽並沒有吵架，他們為什麼要離婚呢？

　　　　　　　　　　　　　　　　　維特　十一歲

　　我自己的情況也是如此，我和阿里森離婚之前，一位朋友提醒我說：「孩子們肯定會問你們為什麼要離婚，你最好想一想該怎麼回答。」當我們向兩個孩子宣布離婚時，他們在驚訝和難過之餘，果然問了我們那個問題。雖然我們都有

親愛的艾蜜莉：

　　我要告訴你一件事，我爸爸和媽媽離婚了。我知道這件事時傷心極了，我恨我爸爸，是他拋棄了我和媽媽。自從爸爸走了以後，我媽媽變得非常嘮叨，整天說我這也不對，那也不好，我快煩死了。

艾麗斯　十一歲

所準備，但誰也沒能向他們說清楚離婚的真正原因。事實上，對孩子來說，無論怎樣的理由都無法使他們接受父母離婚這個現實。

　　我和阿里森離婚，是我先提出來的。我知道露西和吉米心裡有多難過，可我什麼也幫不了他們。有一段時間，整天處在惶恐和悲傷之中，離婚後的情況比我想像的還糟。那時我已經拿到了心理醫生的資格證書，但事情降臨到我頭上時，我卻完全亂了方寸。我突然變得像我的某些患者一樣，產生了一種強烈的傾訴慾望。於是我去找一位家庭心理顧問談，也許是我自己也是心理醫生的緣故，我沒有對她說出我的真實感覺，現在想來，這無疑是一個錯誤。我每星期和她見一次面，在她的辦公室裡，我始終裝出一副成竹在胸的樣子，告訴她我的孩子只是有點小情緒，沒有什麼大問題。

親愛的艾蜜莉：

　　我的爸爸媽媽離婚已經三年了，我始終不明白他們過得好好的為什麼要離婚，雖然我媽媽有時候愛對我爸爸嘮叨，但他們從來沒有大吵大鬧，至少沒有當著我的面那麼做。我怎麼也沒想到他們會離婚，直到有一天晚上媽媽沒有回家，我才覺察到有些不妙。我打開媽媽的衣櫃，發現她的衣服不見了，就像搬走了似的。那一刻我突然意識到了什麼，頓時又驚又怕。第二天，媽媽給我打來電話，告訴我她已經搬到莎迪姨媽家，要我也過去。我去了，我們在那兒一直住到爸爸媽媽離婚。他們離婚後，我和媽媽一起生活，周末我常常去看爸爸。我好像在同時過兩種生活，和媽媽在一起就得聽她嘮叨，相比起來，和爸爸一起度周末要輕鬆些。

　　他們離婚以後，我越來越喜歡胡思亂想了，功課比以前差了很多，棒球也很少打了，以前和我一起打棒球的朋友們都和我疏遠了，現在我就總是一個人待著。我知道這樣不好，可我對以前那些好玩的事都失去了興趣，我好像對任何事都失去了興趣。

　　　　　　　　　　　　　　亨德爾　十二歲

親愛的艾蜜莉：

　　我叫卡麗，今年十五歲。我爸爸媽媽離婚已經兩年多了，他們剛離婚的時候我非常難過。現在我和媽媽一起生活，她很愛我，我在斯坦固的新家過得很快活。我以前和爸爸也很親，但現在我要幾個月才能見他一次，離開他以後，我就和他越來越生疏了，說實話，我很少想他。其實，我爸爸也對我很好，我覺得很對不起他。

卡麗　十五歲

　　阿里森和我離婚後，在露西和吉米身上花了不少錢，除了在孩子們去看他時帶他們去高級餐廳，或者給他們買東西，他似乎沒有嘗試過用別的方式來表達他的愛。但沒多久，這種方式就成了他的負擔，他突然取消了看電影和美餐。這樣一來，使得露西和吉米對他很失望，一度不願再去看他。後來孩子們長大了一些，懂得體諒父親了，才又和阿里森重歸於好。

　　父母離婚後，多數孩子希望與父母雙方都保持良好的關係。但很顯然，和孩子朝夕相處的那一方更容易和孩子保持親密關係。對不常和孩子見面的那一方來說，要想不和孩子

漸漸疏遠，就應該和孩子保持密切的聯繫，經常打電話或者寫信，盡可能不讓離婚影響到大人和孩子的感情。

　　我給羅傑斯回了信，並給他的母親也寫了一封信。我告訴她羅傑斯有多想她。一年才能和孩子見一面，能共同分享的時光的確太少了。但她一定要讓孩子知道，相見的機會少並不等於彼此之間的愛就少了。

親愛的艾蜜莉：

　　我叫哈特。我爸爸媽媽離婚了。爸爸要帶我去底特律住，這就是說，我要離開媽媽了，一想到這一點我就難過得想哭。真的，我太難過了。幫我想想辦法吧！

　　　　　　　　　　　　　　　　　哈特　十歲

親愛的艾蜜莉：

　　我爸爸和媽媽離婚已經快三年了，我一直很愛媽媽，可是她現在去了阿克維馬，我每年只有放暑假才能見她一次。昨天晚上我又想她了，忍不住哭了一場。

　　　　　　　　　　　　　　　　　羅傑斯　十一歲

親愛的艾蜜莉：

　　我的家非常冷清，我媽媽整天忙工作，經常到國外出差，一個月難得見她幾次。我爸爸是個酒鬼，在我八歲的時候，媽媽就和他離了婚。有時候爸爸想帶我出去玩，但我媽媽不允許，她信不過爸爸。平時家裡只有我和葛非司太太，葛非司太太是我們的管家，我和她的關係不太好，我們很少說話。

　　你能在下一本書裡，把我這種情況寫進去嗎？

惠特尼　十歲

　　我有一個叫蘇姍的朋友，她丈夫對她十分體貼，結婚後不久，他們在海邊買下一幢漂亮的別墅，幾年後她又有了兩個可愛的孩子。在朋友們看來，她幾乎成了幸福婚姻的典型。可是有一天她卻突然離開了丈夫和孩子，跟著一個年紀比她小的年輕人去了澳大利亞。蘇姍走後給我來過一封信，她說她最對不起的是自己十一歲的女兒珍妮。自從她走了以後，珍妮變得十分沉默，對什麼都提不起興趣。蘇姍求我給珍妮寫封信，使她振作起來。她希望我能幫她向珍妮解釋，她為什麼要離開。我在給蘇姍的回信中說，我無法解釋，也許解釋並不是最重要的，最重要的是你要經常和珍妮聯繫，

親愛的艾蜜莉：

　　我有個問題想問問你。我讀了你的書才知道，你也是離過婚的。我上四年級的時候，我的爸爸媽媽離婚了。我和爸爸還住在博克蘭，而媽媽搬到了幾千公里遠的伍斯特。我只能在暑假才能見到媽媽。我媽媽想要我和她住在一起，可是那樣一來，我又要離開爸爸了。唉，我多想同時和他們兩個人生活在一起啊。請你告訴我，你離婚以後，你的孩子是不是也有這種情況，你是怎麼做的？

　　　　　　　　　　　　　　　　蘭博　十一歲

寫信或者打電話都行，你要讓她知道，你雖然遠在澳洲，但仍然像過去一樣愛她。

　　很多孩子對父母離婚感到不知所措，因此我們應該讓孩子們知道誰能幫助他們。學校理應向孩子們提供這方面的指導，並向他們推薦相關的服務機構和專業人員。

　　我離婚後，帶著兩個孩子去了英國。我遠走他鄉是希望開始一種全新的生活，以忘掉那次不幸的婚姻給我帶來的痛苦。我在倫敦的一個心理諮詢機構找到一份工作，我們安頓下來後，我盡力在孩子們面前表現出樂觀的態度，我熱情洋溢地告訴他們，我要帶他們遊遍全歐洲。

親愛的艾蜜莉：

　　我叫安德列，今年十三歲。在我七歲的時候，我的父母就離婚了。現在我和爸爸一起生活。他們已經離婚六年了，還在沒完沒了地打官司，因為我媽媽希望我搬到她那裡去住。每次從法院出來，媽媽都要哭一場。

　　我心裡很不好受，你能不能給我媽媽寫封信，安慰她一下。

　　　　　　　　　　　　　　　安德列　十三歲

　　我的寫作生涯是從倫敦開始的，我的第一本書出版後，我收到了許多孩子的來信，從那時候起，我才開始把少年兒童的心理問題作為我的主要研究方向。

　　很多離婚的夫婦都在孩子跟誰，或者各自承擔多少撫養費的問題上爭執不休。我的一位朋友也在這個問題上和前夫發生了爭執，她很想讓孩子和她一起生活。後來，她終於認識到無休止的爭吵只能使孩子夾在中間為難，孩子由誰撫養並不是最重要的，關鍵是要讓孩子知道，父母雖然離婚了，但仍然像以前一樣愛他。

　　我和阿里森離婚後，從來沒有為孩子跟誰的問題發生爭

吵。露西和吉米跟我生活後，我從來不限制他們去看望父親。剛離婚時，我和阿里森住在同一個城市，孩子們每個周末都去看他，有時候阿里森要孩子們在他那裡住一段時間，我也從不干涉。後來我搬到了紐澤西，孩子們只能在放長假時去看他了。他每星期都會給孩子們打一次電話，有時候他因為工作太忙忘了，我還會打電話提醒他。不過讓我後悔的是，離婚後我曾經為撫養費的問題和阿里森大鬧過一場，這給露西和吉米帶來了不小的傷害。其實，我和阿里森都並不缺錢，我在離婚之前收入已經很可觀了。我們在這個問題上爭執不休，主要是因為雙方都還在氣頭上。

　　但對於那些收入不高的女人來說，離婚簡直是一場災難。靠前夫寄來的撫養費生活是很艱難的。我從一些孩子的來信中了解到，有的離婚婦女連孩子的溫飽問題和房租都解決不了。

　　在這裡，我並不想說我有比法律裁決更高明的主意，我只是想提醒那些有孩子的離婚夫婦，曠日持久的爭吵只會給孩子帶來更大的傷害。

2 第三者！第三者！！

親愛的艾蜜莉：

去年我給你寫過信，告訴你我父母吵架的事情，你說那是常有的事，要我不要往壞處想。可是現在呢？比我當初想像的還要糟！我父母已經離婚了，爸爸又有了新的女人。

這一年我過得糟透了，我比去年更擔心，因為我和弟弟跟媽媽過，爸爸沒走之前，媽媽整天在家，但現在她要養活我們，就得去工作了，可問題是她找工作很難。我恨死我爸爸了！

我一想到他現在正在另一個女人家裡，給她的女兒買玩具，哄她高興，我就氣得發抖！

上星期我在米奇叔叔家玩，我爸爸也來了，他和我說話我沒有理他。當時有很多客人在那裡，爸爸看上去很尷尬。晚上睡覺時，我想起白天的事，又覺得有點內疚，其實我很愛爸爸，但我恨他也是真的。請你告訴我，我到底該怎麼做？

艾琳　十一歲

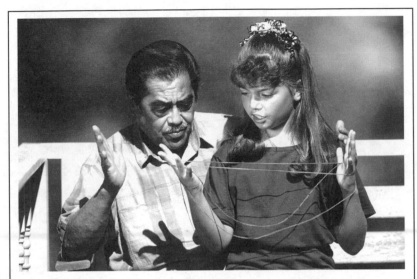

我是艾琳，今年十二歲。

　我的煩惱是——爸爸有了新的女人，他和媽媽離婚了，我非常恨他，但是我又很愛他，畢竟他事我的爸爸呀！

　　父母離婚，孩子是很難保持中立的。一般來說，孩子們會怨恨提出離婚的那一方，尤其是另有新歡的那一方。不過從孩子們的來信中，我發現他們的愛憎並不那麼簡單。

　　一位成年人告訴我，她小時候最傷心的還不是父母的離婚，而是有一次她和母親吵架以後，從母親家裡跑出來，去找爸爸。到了爸爸家的屋外，她從客廳的窗戶往裡一看，看見爸爸正在和另一個小女孩高高興興地擺積木，她立即掉頭跑開了，那個晚上她傷心極了，不管怎麼樣，那畢竟是她的爸爸啊！

親愛的艾蜜莉：

　　我叫黛絲，我媽媽又要結婚了，可我不喜歡那個男人，我和媽媽說了，她不把我的話當回事。她說：「你慢慢就會喜歡的。」我想我爸爸，可我每個月只能見他一次。我該怎麼辦，艾蜜莉？

黛絲　十二歲

親愛的艾蜜莉：

　　這段時間我太難過了，我爸爸要和一個我不認識的女人結婚，我直到昨天才知道這個情況。爸爸和媽媽是上個月離的婚，我有很多話想找個人談談，但又不能和媽媽談，只好給你寫信。

亨利　十一歲

親愛的艾蜜莉：

　　我叫凱莉，我有一個妹妹，叫貝拉。三個月前，我的父母離婚了，我和貝拉跟爸爸生活。最近爸爸又結婚了，我和妹妹都不喜歡繼母，我們喜歡親媽媽。妹妹總是哭，我怎麼才能安慰她呢？

瑪利亞　十三歲

親愛的艾蜜莉：

　　我媽媽和一個叫約克爾的人結婚了，我始終無法接受一個不是我爸爸的人和我住在一起。我真想離開這個家，永遠不再回來，可是我太小，掙不到錢。兩年前我爸爸去了歐洲，現在一點訊息也沒有，我真擔心他是不是已經死了。我不能把心裡的想法告訴媽媽，只好給你寫信，如果你回信，我就好受多了。

安娜　十三歲

親愛的艾蜜莉：

　　我叫邦尼，現在上五年級，今年十歲。三年前，我爸爸媽媽離婚了，那時候我才七歲，哭得死去活來到現在我都不知道這事應該怪誰，因為他們都說自己有理。去年我媽媽又結了婚，我的繼父帶來一個孩子，算是我弟弟吧。唉，我腦子被這些事搞得亂七八糟。

邦尼　十歲

　　我有一個叫海倫娜的小朋友，她的父母離婚後，她母親又有了男朋友。每次那個男人打電話來找她母親，只要是她接了電話，總是說母親不在家。有一次她這麼說的時候，正

親愛的艾蜜莉：

　　我是個女孩，叫瑪麗莎，十四歲。我十二歲的時候父母離婚了，第二年媽媽又結婚了。繼父對我還不錯，但我和他沒有什麼話可說。我爸爸和一個叫露西卡的女人一起生活，露西卡也離過婚，有兩個孩子。我每次去看爸爸，媽媽都不高興，她說爸爸那叫鬼混。我感到很為難，我愛媽媽，不想惹她生氣，可我也愛爸爸，他很喜歡我去看他，不過我不喜歡露西卡和她的兩個孩子。現在我去看爸爸之前會先給他打個電話，問他露西卡在不在家，如果在我就不去。有一次爸爸為這個對我發了火。我不知道該怎麼辦才好，你能幫我想想辦法嗎？

瑪麗莎　十四歲

　　好被母親碰到了，結果母女倆大吵了一場，海倫娜跑出去兩天沒有回家，最後她母親在警察的幫助下才把她找回來。父母離婚，難免會給孩子帶來一些傷害，有的孩子會故意和父母過不去，以發洩他們心中的不滿。他們很少會想到，自己的行為和父母的幸福有什麼關係，他們並不認為自己應該對父母的幸福負責。

　　我第二次結婚時，很想讓露西和吉米喜歡我的新丈夫，但無論我怎麼努力，也無法如願。有一次我問孩子們：「他

我是安妮，今年十一歲。
　　我的煩惱是——我的繼母比我大十三歲，我不明白爸爸為什麼找這麼年輕的女人。她讓我討厭死了！

是不是很可愛？」吉米和露西沒有說話，只是瞪大了眼睛看著我，就好像看一個瘋子。他們雖然不討厭他，但遠遠談不上喜歡他。

　　孩子們的父母中有一方再婚時，他們確實很難接受他們熱愛的另一方被陌生人取代，甚至會覺得這是對另一方的背叛。有的孩子會不自覺破壞父母再婚，但事後又覺得內疚。

親愛的艾蜜莉：

　　我上五年級，我父母很早就離了婚，最近爸爸又有了新的女朋友，她叫薩拉。這個薩拉到了我家以後，想怎麼做就怎麼做，從來不管我願不願意。上次我爸爸休假，我們三個打算去豪司特森林公園野營，還沒出發薩拉就衝我發了一頓脾氣，因為我沒有幫她整理帳篷。我不是不肯幫她，我當時正在準備漁竿和鉤子，我只是想弄好了再去幫她。薩拉說：「既然你不願意動手，那就別去了。」我說：「不去就不去，我根本就不想和你在一起。」要不是爸爸過來打圓場，我真的就不去了。

　　爸爸什麼都聽她的，現在我什麼話也不想對他說了，說了也沒用。他們要是結了婚，我馬上搬到學校去住。

　　　　　　　　　　　　　　阿里恩　十一歲

　　同樣，我的新丈夫也並不像我希望的那麼愛兩個孩子，當我不厭其煩地對他說露西和吉米如何活潑可愛時，他顯得有些不耐煩。這讓我感到很不快。他希望我把更多的愛給他，而我又怕因此冷落了兩個孩子，結果夾在中間很為難。

親愛的艾蜜莉：

　　我是個男孩，十一歲，我九歲的時候我媽媽和爸爸離了婚，然後她又結婚了，還和繼父生了一個小女孩，她現在快一歲了。我並不嫉妒這個異父妹妹，儘管她一生下來就是所有人的心肝寶貝。事實上，我也喜歡她。

　　昨天我請求媽媽把我轉到寄宿學校去，她不同意，因為那樣會多花錢。晚上我偷偷哭了一夜，我實在不想在家裡住了，因為我的繼父一點也不喜歡我，我和他沒有什麼話可說，他一對我說話，多半是在指責我。他說我太懶，什麼活也不做。而媽媽總是相信他說的每一句話，她對我說：「你別整天躲在房間裡發呆，你應該做些家務，最好別惹他生氣。」連媽媽也這麼說，我真是太傷心了，其實我在家裡從來沒閒過，我每天放學回來都有做不完的家務在等著我。我做事的時候難道他們從來沒看見嗎？

　　我有時候真恨媽媽，上帝知道，我爸爸是世界上最好的爸爸和丈夫，而她卻和爸爸離了婚。我繼父根本不能和我爸爸比，我相信媽媽也知道這一點，她只是不願意承認罷了。

　　把我想說的話寫出來，我心裡好受多了，謝謝你！

　　　　　　　　　　　　　　　　米契爾　十一歲

親愛的艾蜜莉：

　　我今年十四歲，上七年級。我父母離婚四年了，剛開始我和爸爸一起生活了兩年，後來再到媽媽那裡住了兩年。今年爸爸要我回他那兒住，而我媽媽則很希望我留在她身邊。我感到很為難，說實話，我更願意到爸爸那兒去。這並不表示我不愛媽媽，我很愛她，但我和繼父有時候合不來，他愛喝酒，不喝酒還好，一喝酒就把家裡弄得亂糟糟的。有一次他喝醉酒後，竟然打了我媽媽。我當時氣瘋了，拿起一根棒球棍向他砸過去，把他的手打傷了。他奪過球棍，把我按在地上按了很久，不過並沒有打我，事後他向我和媽媽道了歉，我也原諒了他，但我還是不喜歡他。我恨不得馬上回到爸爸那兒去，可是又怕媽媽傷心，我要是走了，她也許會發瘋的。我求你給她寫封信勸勸她。

　　　　　　　　　　　　　約翰　十四歲

　　孩子對父母的再婚有抵制情緒是可以理解，但這並不能成為干涉父母私生活的理由。同時作為再婚的父母，也應該知道，孩子適應一種新生活是需要時間的，因此最好的辦法是不要對孩子有過高的期望，耐心地等待時間來彌補一切。

親愛的艾蜜莉：

　　我很小的時候，我媽媽和爸爸離婚了，後來他們又都各自結了婚。我媽媽結婚後搬到了費城，我和爸爸仍然住在波士頓。我的繼母莎娜只比我大十三歲，這讓我很不自在。有一次，我們班的男孩子看見我和她在一起，就故意問我：「那是你姐姐嗎？」我聽了很不舒服，但又拿他們沒辦法。

莎娜喜歡干涉我的事，連我穿什麼衣服她都要管，好像她真是我母親似的。我不知道爸爸為什麼要娶這麼年輕的女人，有時候我真有點替莎娜難過。我常常頂撞她，即使她說得對，我嘴上也不肯服輸，我知道這樣做不好，但事到臨頭又總是忍不住。我想聽聽你的意見，我們怎麼才能互相友好一些？

安妮　十一歲

　　我想告訴那些再婚的父母，如果你的新伴侶不尊重你的孩子，你最好馬上讓你的伴侶知道，相互尊重是家庭和睦的基礎，如果做不到這一點，孩子就會產生叛逆心理，這對大家都沒有好處。

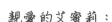

親愛的艾蜜莉：

　　我今年三十二歲，我和丈夫結婚時，他已經有了兩個孩子。約翰是個男孩，正在上大學。珍妮是個女孩，今年十六歲，上九年級。我和珍妮在一起生活已經有三年了。三年來，我對她的照顧可以說無微不至，而她呢，幾乎從不主動和我說話，只有在我和她說話的時候，她才應付幾句。我們從來沒有吵過架，可是比吵架更令我難受的是，我在她眼裡就好像不存在一樣，她從我身邊走過時，連看都不看我。

　　上個星期，我在報上看到了你的一篇文章。你說你收到過無數孩子的來信，最令你遺憾的是，至今還沒有一個孩子在信中說自己的繼母好。讀完這篇文章，我又悲傷又絕望，淚水怎麼也止不住。我實在太難過了。

　　　　　　　　　　　　　梅尼拉　成年人

　　我離婚後，有一段時間對孩子們的批評非常敏感，有時候他們發一句牢騷就能把我氣得發瘋。我很害怕我的婚姻再次失敗，因而有時候我更注重我丈夫的感覺。我的這種心理無形中傷害了孩子們的感情，有一次吉米差點因此離家出

走，這件事使我明白，作為大人，在孩子面前一定要盡量坦
誠、公平。

　　我現在的丈夫也有一個女兒，讀了安妮的信後，我完全
能想像莎娜的處境，繼母有多難當，我有深切的體會。我給
莎娜寫了一封信，告訴她，安妮希望和她友好相處。我鼓勵
她主動找安妮談談，坦誠地把自己的想法和感覺說出來，但
態度一定要溫和些，不要傷了安妮的自尊心。繼母和孩子的
年齡比較接近，容易使孩子產生「不服氣」的心理，但如果
處理得好，也可以把這種劣勢轉化為優勢，因為年齡接近也
意味著雙方有更多的共同語言，因而也更容易溝通。事情成
敗的關鍵在於她是否有坦誠而溫和的態度。

親愛的艾蜜莉：

　　今天我爸爸把我訓了一頓，他說我故意惹繼母
傷心。事情是這樣的，我答應繼母晚餐後的盤子由
我來洗，但後來我把髒盤子扔進水池就不管了。我
這樣做是因為我最喜歡的電視節目開始了，我不想
錯過，根本不是想故意氣她。為什麼他們非得往壞
處想呢？

　　　　　　　　　　　　　　　　吉米　十歲

親愛的艾蜜莉：

　　我們鎮上來了一個馬戲團，昨天是演出的最後
一天，我求爸爸帶我去看，可他說晚上繼母一個人
在家太寂寞了。唉，自從他娶了那個女人，就再也
不把我當回事了。

　　　　　　　　　　　　蘇姍娜　　九歲

　　的確有不少孩子對繼母或繼父懷著深深的敵意，無論繼
母或繼父怎麼努力，都無法在短時間內使他們改變態度。面
對這樣的孩子，你確實很難喜歡他們，更別說愛他們了。我
自己就對這種情況有切身體驗。有時候，家裡的氣氛太緊張
了，大家都不說話，這時我覺得靜悄悄的家裡彷彿藏著一隻
火藥桶，隨時都可能爆炸。為了讓自己喘口氣，我只好暫時
離開幾天，讓心情平靜下來。

　　我完全能夠理解梅尼拉的心情，但我還是希望她盡量學
會從孩子的角度看問題。對孩子來說，梅尼拉是和她爭奪爸
爸的愛的人，因此對她懷有敵意是很自然的事。我這麼說並
不是說孩子以怨報德是對的，我只是想提醒那些繼父或繼
母，不要對孩子的態度太敏感，你越不在乎孩子們的敵意，

家庭氣氛就越輕鬆，漸漸的，他們的敵意自然就會減少。

　　我曾經輔導過一個叫拉維尼雅的十二歲女孩，拉維尼雅的父母離婚後，她經常把父親作為對付母親的法寶，或者反過來。她和爸爸、繼母一起生活時，有什麼願望得不到滿足就威脅爸爸，說要去媽媽那兒住。到了媽媽和繼父那裡，一不順心，又威脅說要回爸爸家。她的父母為此感到很頭疼，於是請我和拉維尼雅談一談。我建議她的父母不要再接受她的無理要求，否則對孩子有害無益。同時，我也告訴拉維尼雅，她應該學會適應新生活，有什麼不滿可以坦率地告訴父母。拉維尼雅照我說的做了，漸漸地，她和大人們的關係變得融洽起來。

　　許多再婚的父母唯恐自己的婚姻再次遇到不幸，常常不重視孩子的感覺，處理家庭矛盾時，偏向自己的新配偶。其實這樣做容易使孩子產生反叛情緒，反而使家庭出現新的危機，要知道，重新開始的婚姻生活是否順利，在很大程度上取決於大人和孩子的關係是否融洽。

　　有人問我，繼父或繼母和孩子要想融洽相處，需要多長時間？根據我的經驗和我所了解到的情況，至少需要兩年，甚至更久。但只要你付出了足夠的耐心和愛，時間一定加倍補償你的。

3　天堂的爸爸和人間的媽媽

親愛的艾蜜莉：

　　有件事我很想跟你談一談。是這樣的，我媽媽去世已經三年了，兩年前我爸爸又結了婚，繼母帶來三個孩子，加上我和弟弟，家裡一共有五個孩子。我和繼母的關係很不好，主要是因為她不喜歡我和我弟弟，另外她和我姑姑也合不來，而我又特別喜歡姑姑。繼母對我和弟弟很冷淡，但對自己的孩子親得不得了，一點小事就把他們誇上了天。而我和弟弟呢？她從來不誇我們，還說我們將來不會有什麼出息。我的學業成績沒得說，她挑不出毛病就說我懶，可事實上，我的家務事做得比誰都多，而她的三個孩子幾乎從不做家務，荷利（她最小的孩子）偶爾洗一次盤子還打碎了一個。要是我媽媽還活著該多好啊，想到這裡我就傷心。

維多利亞　十三歲

親愛的艾蜜莉：

　　我叫戴維，今年十三歲。我媽媽在兩年前去世了。後來爸爸又結了婚，從那以後，我的日子就不好過了。我的繼母對我的任何事都要管，我讀什麼小說她要管，我穿什麼衣服她也要管。最讓我難以忍受的是，她對我的朋友一點都不尊重，我的朋友每次到家裡來，她都要給他們臉色看。最近我被選進了學校的棒球隊，我把這個訊息告訴了爸爸，他本來很高興，可是第二天他的態度就變了，原因是繼母不同意。我太憤怒了，難道爸爸是她手裡的木偶嗎？難道我不是一個自由的人嗎？她有什麼權利這樣做？

　　　　　　　　　　　　　　　戴維　十二歲

　　有很多孩子給我來信，談到他們和繼父繼母之間的問題，令人遺憾的是，絕大多數來信都是表達對繼父或繼母的不滿。孩子們的話也許有一些誇大或偏頗的成分，但在一定程度上確實反映了很多繼父繼母在處理家庭問題上的不當。有些繼父或繼母總覺得孩子威脅到了自己在家庭中的地位，於是就帶著敵對的情緒對待孩子，動不動就對孩子發號施令，以此來證明他們在家庭中的權力。結果卻總是事與願違。很多繼母都向我訴苦，說她們對那些孩子感到頭疼。相

親愛的艾蜜莉：

　　我有一個問題要對你說。自從我爸爸去世後，我的家就再也不像個家了。我的繼父對我的一切都看不順眼，我曾經試過照著他的要求去做，可是無論我怎麼做都不能讓他滿意。我再也忍不下去了，我要離開這個家，我要向媽媽證明，沒有繼父我也能活下去。你不用勸我，我已經決定了，我給你寫信並不是想尋求憐憫，我只是想把心裡話說出來。

湯姆　十四歲

對來說，繼父們的處境似乎要好一些，這也許是因為他們對孩子比女人更寬容，也許是因為他們是家庭收入的主要來源，比女人更容易使孩子服從。

　　儘管湯姆在信中說他不需要我的幫助，但我知道離家出走對一個十四歲的孩子來說意味著什麼。我有理由認為，湯姆離家出走的決定太衝動了，他沒有足夠的能力去應付一個陌生的世界。經過查詢，我撥通了湯姆家的電話，和他母親進行了長談。她告訴我，由於湯姆的父親很早就去世了，因此她從小就對湯姆十分寵愛，什麼事都依著他。但她和現在的丈夫約翰結婚後，約翰認為這樣做對湯姆沒有好處，必須

親愛的艾蜜莉：

　　我從你的書裡得知你也是一位繼母，因此很想跟你談談這方面的事情。

　　我在十年前就離了婚，我的女兒跟我過。在女兒升入大學後，我和現在的丈夫凡納丁結了婚。凡納丁的妻子在幾年前去世了，留下一個女孩，名叫艾格尼。我和凡納丁結婚時，艾格尼十三歲。我從一開始就想像真正的母親那樣去關心艾格尼，可是艾格尼從來不把我當回事，任何事都和我作對，一不順心就在她爸爸面前哭，拿我和她死去的親媽比，說要是換了她的親媽就會如何如何。我有時候心情不好，也會在凡納丁面前抱怨，他夾在中間很為難。

　　我想知道你是怎麼處理這個問題的，我怎麼才能和艾格尼弄好關係，讓她明白我對她的關心是出自真心？

黛絲　成年人

讓湯姆改掉任性的毛病。雖然他對湯姆要求嚴了一點，但實際上他是愛湯姆的。

　　我建議他們主動找湯姆談一談，最重要的是態度一定要溫和，不要傷了孩子的自尊心。我提醒他們，嚴格要求並不

我是安妮，今年十一歲。

　　我的煩惱是——我媽媽去世後，爸爸又結了婚，我一直也不喜歡我的繼母。我真想死去的媽媽，可是我只能在夢裡見到她。

等於橫眉冷對，否則很容易使孩子產生叛逆心理。湯姆畢竟是個孩子，他直接感覺到的是繼父的態度，而不是他的良苦用心。

　　有些孩子的父母是因為和原來的配偶離婚而再婚的，有

親愛的艾蜜莉：

　　我剛滿十二歲，希望你在寫下一本書時，把我的故事寫進去。我爸爸在兩年前車禍去世了，我媽媽帶著我搬到了她的男朋友那裡。媽媽的男朋友整天就知道喝酒胡鬧。我從來不敢帶同學到家裡玩，我不想讓人家知道我們和那個不是繼父的人住在一起。

阿比凱　十二歲

親愛的艾蜜莉：

　　我媽媽去年得病死了，現在我爸爸又找了一個女朋友。我哥哥和她合不來，今天又把她氣哭了，我爸爸警告哥哥，如果再那樣就對他不客氣了。我知道用不了多久，哥哥又會和她吵架的，爸爸並不想真的對哥哥不客氣。說實話，我並不覺得爸爸的女朋友像哥哥說的那麼討厭，我不知道為什麼哥哥總是故意和她作對。

維拉　十一歲

些則是因為一方去世而再婚，這兩種家庭中的孩子對繼父或繼母的態度有很大的不同。有些繼父或繼母也像黛絲一樣，試圖成為逝去的那個人的替身，但孩子卻不認可這一角色。他們常常會拿後來的這一位和死去的那一位作比較，比較的

結果當然是後來者遠不如那位死去的人。這種比較會讓那些繼父或繼母感到不快，但要知道，孩子們有權談論自己早逝的父母。他們會永遠把親生父母記在心中，會要求在家裡掛上他們的照片，回憶幸福的往事。繼父或繼母對孩子的這種感情應該有足夠的理解和寬容。想成為逝去者的替身，結果只能適得其反。

　　我和現在的丈夫談戀愛的時候，吉米極力反對，經常為一點小事暴跳如雷。我曾經為此無可奈何地痛哭。我常常問自己，難道我就沒有權利追求幸福嗎？我當然有，但問題是孩子們往往只關心他們自己的幸福和快樂，很少想到父母的需要。而父母不僅要為自己的需要著想，還要顧及孩子們的感情，這對父母來說也許太難了，但這畢竟是父母的責任。

4 大人的夜晚

親愛的艾蜜莉：

　　我父母離婚了，我知道你也離過婚。其實我父母也算不上離婚，他們根本就沒有結婚，我媽媽生了我以後，爸爸就離開了我們，我直到六歲的時候才見到他。我以前很討厭他，現在開始有點喜歡他了。他在國外工作，每個月都給我打電話，聖誕節還給我和媽媽寄過禮物。我媽媽現在結婚了，我一點也不喜歡她的新丈夫。我第一次聽見他們做愛時，感到很噁心。我想不到他們會發出那麼難聽的聲音。

　　不知你再婚後，你的孩子是怎麼看你的。回信和我談談好嗎？

　　　　　　　　　　　　　　　　莫莉　十二歲

我是安妮，今年十一歲。

　　我的煩惱是──我不喜歡我的媽媽跟她的新丈夫再一起，尤其不喜歡他們晚上待在一起做那種事。

親愛的艾蜜莉：

　　我實在太難受了，我如果不找個人談一談我會
發瘋的。我父母去年離婚了，現在我媽媽有了一個
男朋友。有時候她晚上不回來，就打電話告訴我是
加班，或者車子壞了。我知道她是到史蒂夫那裡過
夜去了，但我從來不說。如果僅僅是這樣，那就好
辦了，可問題是史蒂夫最近搬到我家來了，和我媽
媽住在一起。有一天下午我從學校回來，聽到媽媽
的臥室裡傳來可怕的叫聲，我大吃一驚，以為史蒂
夫要把我媽媽掐死了。我趕緊向媽媽的臥室衝去，
到了門口才突然明白過來，他們是在做愛。我心裡
難受極了，我無法準確地說出當時的感覺，憤怒、
恥辱、恨、尷尬都有，但又都不是，總之是難受極
了。從那以後我才注意到，他們只要單獨待在一起
就幹那事。我並不想注意這個，可是我沒法不注
意。媽媽很愛我，我知道我不該生他們的氣，可是
我還是生氣，這是真心話。

　　　　　　　　　　　　斯比爾　十四歲

親愛的艾蜜莉：

　　我媽媽和羅伯特在談戀愛，他們好像並不打算結婚，但他已經搬到我家來住了。我本來不討厭羅伯特，但自從他住進我家後，我總覺得彆扭。你說，他們這麼做正常嗎？

喬安娜　十三歲

　　在大人看來很正常的事，在孩子眼裡可能是錯誤的。在一次由學校舉辦的「家長心理諮詢會」上，一位叫艾麗達的女士告訴我，兩年前她和丈夫離婚了，現在正在談戀愛，可是自從男朋友搬到她家後，女兒就跑到她爸爸那兒去訴苦，說媽媽整天和那個男人做愛，再也不管她了。另一位學生的母親說，她要和男人一起過夜時，絕不會告訴孩子，她總是編一些加班之類的藉口。我問她：「你認為孩子會相信嗎？」她想了想，笑著說：「不，我想他們能猜到我在幹什麼，但我絕不會承認。」

　　一般情況下孩子們並不想關注父母的性生活，但如果家庭破裂後，爸爸媽媽重新戀愛或結婚時，孩子往往對大人的性生活格外敏感。那些剛剛進入或即將進入青春期的孩子尤

其難以接受這個事實。有的孩子則為自己的墮落找到了藉口，他們在外面過夜後，如果受到大人的責備，就會說：「這有什麼，你不也一樣嗎？」

我和一個女孩談過這個問題，她倒是不反對母親和男朋友有性生活，但她認為媽媽帶男朋友回家過夜應該事先讓她知道，因為她早晨發現家裡突然多了個男人，會覺得十分尷尬。

在這裡，我想對那些戀愛中的父母說，如果你和戀人的關係還沒有確定下來，最好別讓孩子知道你們有性關係，因為這會讓孩子感到很不習慣，甚至感到窘迫和厭惡。同時，你也有必要使孩子知道，你有戀愛和追求快樂的權利。

5 他們到底要離幾次婚

親愛的艾蜜莉：

　　我在家一天也待不下了，我需要你的幫助。上個月，我媽媽又結了婚（這已經是她第三次結婚了），我的繼父一個比一個壞。現在的繼父說，既然是他在養我，我就必須聽他的。他的兩個孩子對我也很冷漠，當然，我也不喜歡他們。我想離開這個家，但又不知道該去哪兒。

　　我不能去找爸爸，他也結了婚，我想那個女人是不會歡迎我的。我該怎麼辦？

琳達　十一歲

親愛的艾蜜莉：

　　我十三歲，最近交了一個女朋友。我越來越不想回家了，我媽媽不到三十歲，但已經離了兩次婚了，現在她又有了男朋友，可能今年會再次結婚。我的家一次次地住進陌生的男人，我真不知道那還算不算我的家。

雷米埃　十三歲

我是雷米埃，今年十三歲。

　　我的煩惱是——媽媽離了兩次婚，結了兩次婚，最近像又準備第三次結婚，我對家已經沒有了感覺，我常常不願意回到家裡

　　所有的孩子都希望有一個溫暖、穩定的家。父母離婚本來就對孩子造成了傷害，如果因考慮不周而再次離婚，就會給孩子的成長帶來極大的影響。他們會覺得自己沒有安全感，甚至會對家產生厭惡。因此，離異的父母對待再婚一定要慎重，在沒有從第一次婚姻失敗的打擊中恢復過來時，最好不要急於開始第二次婚姻。

【第四扇門】
親人去世的傷痛

親愛的艾蜜莉：

　　我爸爸去年去世了，從那以後我就變了，我不再喜歡說話，不願意和朋友們玩。我和媽媽之間話也越來越少，但卻可以和樹交談。我想寫一本書，把我的煩惱、怎麼和樹說話的，還有令我快樂的事情都寫進去，所有這些都是我無法跟別人說的，如果寫出來，我的心情也許會好一些。你認為我能寫這麼一本書嗎？請回信告訴我。

　　　　　　　　　　　　　　　　戴維　十二歲

　　記得有一次我接受一位電台主持人的採訪，他問我童年時代最害怕的事情是什麼。我想也沒想就回答說：「怕我父親死掉。」我父親有七個兄弟姐妹，父親是他們當中最小的。說來真是不幸，父親的哥哥和姐姐全都在四十出頭就去世了，因此我從小就一次又一次地為他們戴孝。我十一歲時，父親的最後一個哥哥也去世了，這使我感到非常不安，我擔心父親也會死掉。我每天都按時向上帝祈禱，希望父親平安無事。我隱隱覺得，自己對父親的健康負有責任，他能否長壽，全都要看我的了。這對一個十一歲的孩子來說，是多麼沉重的精神包袱啊。我從來不敢把對父親死亡的恐懼告

我是理查德，今年十四歲。
　我的煩惱是——我們來到美國的第二年，爸爸就得癌症去世了，現在我常很想念他，我真不知道怎樣才能忘掉這種痛苦！

訴任何人，我怕一旦說出來，就會變成真的。這種精神壓力直到我十九歲的時候才得以解除，因為我父親在那一年永遠離開了我們。當時我正在上大學，五十一歲的父親死於突如其來的心肌梗塞，在這之前，他幾乎從未得過病。我擔心了十幾年的事終於發生了，從父親的葬禮上回來後，由於悲傷，我的「突發性紅斑」又犯了，折磨了我一個多月才好。

　我從孩子們的來信中了解到，不少孩子有著我小時候那樣的擔心，尤其是那些父母身體狀況欠佳的孩子。

　我父親去世後，母親始終沉浸在巨大的悲痛中。那件事過去好幾年後，我仍然不能在她面前談到父親的死。有一

親愛的艾蜜莉：

　　你能不能寫一本書，裡面的主角是一個失去了母親的女孩。我媽媽上個星期去世了，如果這時候我能看到那麼一本書就好了。我今年十歲，弟弟七歲。以後再也沒有人會像媽媽那樣關心我們了，以前我什麼話都對媽媽說，現在不行了，一些女孩的事情是不能對爸爸說的。我太難過了，你能給我回信嗎？

　　　　　　　　　　　　　　安娜　十歲

親愛的艾蜜莉：

　　我有個問題想和你談談。我爸爸死後不久，媽媽就有了男朋友，你說我是不是很快就會有個繼父？想到這一點，我心裡就發慌。

　　我爸爸酗酒，身體一直不好，他在世的時候我不喜歡他，可是現在他死了，我又覺得非常難過。我只是不想和他靠得太近，但不希望他死。我每次想到他都要哭一場，我以前不該討厭他。

　　　　　　　　　　　　　　保羅　十歲

天，父親生前的幾個老朋友到家裡來作客，他們不約而同地
談起了父親，回憶和他在一起的美好時光。我很擔心地看著
母親，但出乎我意料的是，母親並沒有流淚，她認真地聽

親愛的艾蜜莉：
　　兩年前，我爸爸遇到交通事故去世了。我在很
長的時間裡都沉浸在悲傷中。我媽媽上個月和別人
結婚了，她希望我喜歡他，可是我做不到。我不想
傷她的心，所以只好裝作喜歡他。

　　　　　　　　　　　　　　艾笛　十五歲

親愛的艾蜜莉：
　　我十六歲，名叫理查德。我有很多話想對別人
說，但和我媽媽還有朋友都開不了口，也許別人會
認為訴苦是孩子和女人做的事情。我家以前在墨西
哥，是三年前移民到美國的。到了美國的第二年，
我爸爸就得癌症死了。我從來沒有把這件事告訴我
的朋友。我和朋友們聊天時，他們偶爾會問起我爸
爸，我總是轉移話題。我真希望你回信和我談談我
爸爸，他太不幸了。

　　　　　　　　　　　　　　理查德　十四歲

著，臉上帶著癡癡的微笑，和他們一起沉浸在回憶中。

當你的親人去世時，你沒有必要把悲傷埋在心裡。其實，和別人談談逝去的親人，和家人一起回憶過去的快樂時光，有助於你接受既成的事實。

在我所有的親人中，父親給我帶來的快樂是最多的。小時候，只要有父親在，不管遇到什麼事情我都不會驚慌。他帶著我給狗蓋房子，教我在打字機上打出我的名字，在我生病時抱著我去看醫生，把溫暖的手放在我的額頭上測體溫……如果父親在我小時候就去世的話，我真不知道我能不能活下去。每次參加完長輩的葬禮，父親總會說：「我們所愛的人死了，但生活還得繼續。」

親愛的艾蜜莉：

　　我爸爸死了，是心臟病。本來他是要去觀賞我的足球比賽的，他還說放暑假時要帶我去海邊釣魚，可現在什麼都沒有了。我媽媽經常在晚上哭，沒有了爸爸我們的一切都變了。

卡爾卡西　十三歲

親愛的艾蜜莉：

　　我叫阿什麗，十一歲。去年我爸爸去世了，剛開始我不相信是真的，後來我發現確實再也見不到他了，就大聲哭了起來。我弟弟才三歲，還不明白發生了什麼事。有一陣子，我晚上總是睡不著。我睜著眼躺在床上，不明白上帝為什麼要讓爸爸死，這太不公平了，世界上再也沒有比他更好的爸爸了。

　　有時候我會突然產生一種感覺，我覺得爸爸沒有死。有一次我覺得他就在書房裡坐著，這種感覺是那麼強烈，我走到門口，恨不得立即見到他，可是我又不敢推門進去。那天晚上，我恨死了我自己，我竟然會怕我爸爸！我為我的膽小而悔恨，以後也許再也不會有那樣的機會了。

阿什麗　十一歲

親愛的艾蜜莉：

　　我想把我的事情告訴你，也許你會把它寫進書裡。我媽媽死時，我好像沒有哭。後來整天昏頭昏腦，就像失去了記憶一樣，別人跟我說話，我要好半天才反應過來。有一天我到波莉姨媽家去，她和我談起了媽媽，我突然放聲大哭起來，我哭啊哭，連續哭了兩個小時。從那以後，我心裡就輕鬆多了，又可以像以前那樣和朋友們玩了。

瑪格麗特　十二歲

親愛的艾蜜莉：

　　我十二歲，馬上就要上七年級了。今年暑假，我參加了夏令營。可是沒幾天，我爸爸就開車把我接了回去，他告訴我，哥哥病危了。我們趕到醫院後，哥哥已經轉移到了加護病房，我只能透過玻璃窗看他。他身上到處插著管子，頭也剃光了。看到他那副樣子，我的喉頭發哽，真想大哭一場。

　　兩天以後，哥哥死了。我無法告訴你我有多難過，家裡少了一個人，變得特別冷清，爸爸媽媽都不想說話，媽媽經常哭。我真害怕家裡的氣氛，可是又沒辦法，你幫幫我好嗎？

海倫　十二歲

　　後來，我每次為父親的去世落淚時，總會想起他的那句話。是啊，生活還得繼續。

　　我父親曾經告誡我：「不管遇到什麼樣的不幸，都不能停步不前。活著，就一定要珍惜生命，讓每一天都充滿希望」他的這番話成了我一生的信條，使我一次又一次走出悲傷。

【第五扇門】

關於日記

親愛的艾蜜莉：

我從你的書上知道了你的地址，現在好了，我總算有個可以說心裡話的人了。我有很多話要說，但又不能跟爸爸媽媽或者朋友說，從現在起，我要把我所有的想法全都告訴你。我會給你寫很多信，如果你沒時間，不回也行，你能讀到我就很高興了。

亨利　十三歲

那些給我寫信的孩子並不都是來求助的，很多孩子只是覺得把自己的想法寫出來，心裡就會輕鬆多了。因此，我建議孩子們為自己準備一個日記本，經常把自己的想法寫下來。也許不是每個人都適合寫日記，但確實有很多孩子通過這種方式獲得了一份好心情。

有一個叫米蘭達的女孩寫信給我，說她生日的時候媽媽送給她一本很漂亮的日記本。她立刻就喜歡上了它，並嘗試著寫了幾篇日記，可是不到半個月，她就發現自己打開那個漂亮的本子時，不知道寫什麼好了。這令她十分沮喪，她懷疑自己是不是太笨了，怎麼會連日記都寫不出來。我回信告

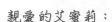

親愛的艾蜜莉：

　　去年我差點自殺，整整一年，我的心情糟透
了，對一切都提不起興趣，醫生說我有自閉症。

　　後來嘉麗姑媽送給我一個特別厚的日記本，這
個日記本帶著楓葉的香氣。不知為什麼，我每次翻
開它，就忍不住想寫點什麼。可以說，這個日記本
幫我渡過了一生中最灰暗的時光。我翻看過去寫的
日記時，發現了這麼一句話：「我總是莫名其妙地
擔心會出什麼事，這種擔心使我心慌得要命，我真
希望有一個人對我說，放心吧，什麼事也不會有。」
我終於意識到，我需要找一個願意聽我把心裡話全
都說出來的人。我發誓從明天開始，我要過一種新
的生活，去交一些知心朋友。為了不讓自己打退堂
鼓，我要在這裡向你發誓，我明天就去做。在下一
封信裡，我一定會告訴你，我已經有了很多朋友。

　　　　　　　　　　　　　　　翠西　十四歲

訴她，不是她太笨，而是她把日記當成每天必須完成的任務
了。如果說日記是用來寫自己的心裡話的，那麼，硬寫是寫
不出來的，也沒必要那麼做。要是把寫日記當成任務，不但
達不到消除煩惱的作用，反而會增加煩惱。

我是夏米爾，今年十五歲。

　　我的煩惱是──我心情不好時喜歡寫日記，最近我發現媽媽偷看我的日記，她還爲我日記裡的一些話生氣。

　　我十一歲的時候，我媽媽也送過我日記本，羊皮封面，非常精美，厚厚的可以用好幾年，上面還帶著小鎖和鑰匙。我高興極了，我覺得從此有了一個可以說心裡話的地方了。可是到了晚上，我拿起筆想在上面寫點什麼時，卻遲遲下不

了筆，我不知該寫什麼才好。我嘗試了幾次後，徹底洩氣了。也許當時我還沒到寫日記的時候，也許我小時候並沒有太多的煩惱，沒有很強的傾訴慾望。我真正開始寫日記，已經是十五歲的事了。把心裡的秘密向日記本傾訴，確實給我

親愛的艾蜜莉：

　　我快要發瘋了。我在家裡待不下去了，也不想上學。我的朋友很多，但能和我說心裡話的一個也沒有，我也沒有勇氣向他們說出我的真實想法，說了他們會笑話我的。

　　我家有四個孩子，我是最大的，我們全家住在小公寓裡，繼父很少回家。我媽媽很忙，沒時間理我，弟弟妹妹除了吵架就是哭。聖誕節那天，我姨媽送給我一個日記本。我非常喜歡，從那以後我有什麼煩惱就寫下來，寫完心裡就舒服多了，遇到高興的事也寫。可是沒多久麻煩就來了，我發現媽媽偷看了我的日記，裡面的一些話讓她很生氣，她說我是個冷酷無情的孩子，還把日記裡的一些話拿出來作證據。這個家太令我失望了，我想走，可又不知道該去哪兒。現在我討厭我媽媽，討厭弟弟妹妹，討厭繼父，我知道，用不了多久我就會瘋的。

夏米爾　十五歲

的內心帶來了很大的安寧。不過當時我對媽媽還有點信不過，我在一些關鍵內容上使用了我自己編的暗語，如果被她看到，她也弄不清我寫的到底是什麼了。

　　如果你打算送孩子日記本，那麼有必要提醒他們，日記不一定天天寫，最好在想寫的時候才寫，寫日記不應該成為他們的負擔。同時，你還要讓孩子明白，你一定會尊重他們的隱私。

　　我在十五歲時也遇到了和夏米爾一樣的麻煩。那是一個夏天，我在父母的勸說下，放棄了去夏令營的計劃，和父母一起開車作長途旅行，目的地是我姨媽家的農場。我很快就煩透了這種悶熱無聊的長途旅行，後悔沒有去參加夏令營。我為浪費了一個暑假而生氣，每天晚上，我就把這股怨氣發洩在日記本上。有一天，我發現日記本裡的秘密書籤位置不對，就知道它被母親偷看了。我非常憤怒，同時又為我日記裡寫的東西感到難堪。我只在和戀愛有關的事上使用了暗語，而發洩對父母的不滿的那些話卻沒有用暗語。我沒有立即質問母親，同時我也感覺到，母親對我日記裡的那些話感到生氣，但她也無法開口質問我。整個暑假，我和母親都感到十分彆扭。開學後的一天，我終於責問她為什麼偷看我的日記。她承認了這件事，她說因為我當時情緒反常，她想通過我的日記找出原因。我知道母親很愛我，我也愛她，但我還是不能原諒她。我當時在心裡發誓，如果將來我有了孩子，絕不看他們的日記。實際上，日記並不能反應一個人內心的全部，當你的孩子在日記裡說他恨你時，並不表示他真的恨你，他只是在發洩內心的不快。

【第六扇門】
孩子必須知道
的幾件事

1 丟臉的事

　　據專家說，七歲的男孩中，有7％的人尿床；十八歲的男孩中，有2％的人尿床。尿床，是任何一個孩子都羞於啟齒的事，它對孩子心理上的影響要遠遠大於生理上的。

親愛的艾蜜莉：

　　我是阿克倫的一位律師，前幾天在報上讀到了你的一篇關於尿床的文章，很有同感。在這裡，我也講講我小時候經歷的一件事。

　　我上五年級時，班上來了個新同學，她叫瑪莎，大家都說她尿過褲子，沒事就喜歡一起取笑她。我雖然從來沒見過她尿褲子，但也和別人一樣，一見她走過來，就捏著鼻子喊「不害臊」。有的同學故意在她的課桌旁灑一杯水，然後指著地板說她又尿褲子了，這時候大家就會哄笑起來，我也跟著一起大笑。其實我始終不能肯定，瑪莎到底有沒有尿褲子的毛病。也許偶然有過一次，結果就被全班的同學傳為笑柄。

　　我小學快畢業的時候，學校舉辦了一次夏令營活動。一天夜裡，我在營地做了一個夢，夢見自己從床上起來去上廁所，到了廁所，蹲下就尿。剛尿完就驚醒了，這才發現床單濕了。我嚇壞了，不知如何是好。大家公認的尿床者是瑪莎，我平時也沒少嘲笑她，可我萬萬沒想到，這種醜事竟然也發生在我身上了。

　　那時天剛濛濛亮，我躺在床上緊張地盤算著如何遮掩這件事。我想過早上起床後，用開玩笑的語氣把事情說出來，我就說，「哦，我做了一個多麼怪的夢啊，你們猜猜，我夢見什麼了」。可又覺得那樣做太冒險了。考慮再三，我還是決定隱瞞真相。起床後，我不動聲色地把尿濕的床單疊在被子下面，就像什麼事也沒發生過。晚上睡覺時，床單還沒乾，我就睡在濕床單上。好像有點氣味，但沒有人說什麼。我想，別人就算聞到了也一定以為那是瑪莎床上發出的。活動結束時，所有的床單堆在一起，被洗衣服的工人收走了，這時我才鬆了一口氣，我總算僥倖過關了。

　　後來我再也沒有尿過床，可是那種做賊心虛的感覺卻讓我永生難忘。現在我真希望當時我有勇氣

把事情說出來。我想，只要我自己持一種坦然的態
度，同學們會理解我的，也許還會和我一起開懷大
笑。可是我當時只有十歲，唯恐像瑪莎那樣成為別
人的笑柄。

　　希望我的故事能成為你的寫作素材，也希望孩
子們能明白，每一個人都曾尿過床，尿床的孩子沒
有必要因此抬不起頭來，因為他們並沒有做錯什
麼。

凱特琳　成年人

親愛的艾蜜莉：

　　有件事讓我很丟臉，我不想和別人說，只告訴
你一個人。我有一次在教室裡尿過褲子，同學們都
嘲笑我，但我堅持說那是我不小心把水灑在褲子上
了。從那以後，有個叫海倫的女孩沒事就故意在我
的椅子旁灑水，千方百計出我的醜。我憤怒極了，
可我每次都要假裝不在乎，因為你越生氣他們就越
相信那是真的。我在家裡偷偷哭了很多次。我真是
恨死他們了。

露琪　九歲

我是雷恩，今年十四歲。

　　我的煩惱是──我經常尿床，我真擔心同學們知道這件
事。

親愛的艾蜜莉：

　　我很喜歡你寫的書，因為它說出了我的心裡話。我希望你能寫一本關於尿床的書，我相信所有有這種問題的孩子都會喜歡的。

　　我從小就尿床，現在上七年級了，還是這樣。萬幸的是，同學們都不知道我的這個毛病，因為我媽媽警告過我哥哥，絕不允許把這件事說出去。但我還是很擔心，萬一被別人知道了，我就慘了。我媽媽從來都沒有說過我什麼，但有一次她為我洗被單和睡衣時，我聽到她嘆了一口氣。我當時心裡真是難過極了，我恨我自己，可是恨有什麼用呢？我看過醫生，可他的藥一點效果都沒有。我睡前從不敢喝水，可還是尿床。有一次我參加夏令營，為了不讓別人發現我尿床，我不得不在床上墊兩塊尿布，還穿上膠皮內褲。第二天早晨我悄悄地把尿濕的內褲和尿布塞進塑料袋。在整個活動期間，我過得膽戰心驚，一點樂趣都沒有。

　　你的文章裡說，有一些尿床是心理因素造成的，我相信這一點，我自己就是這樣，越緊張就越容易尿床。尿床的孩子緊張，是因為怕別的孩子笑話他，如果我們這些尿床的孩子不那麼緊張的話，也許情況就會好得多。

請寫一本這方面的書吧，請在書裡告訴所有的人，尿床並不可笑。

雷恩　十四歲

親愛的艾蜜莉：

我有一個朋友，她叫艾格尼，非常可愛，可是別人都不理她，因為她大笑的時候會尿褲子。

她現在連笑也不敢笑了。艾格尼很孤獨，只有我和她一起玩。有時候，那些孩子故意逗她笑，想讓她出醜，他們真是太可惡了。我告訴了校長，可他也沒辦法，只好給你寫信，你能幫幫我們嗎？

喬安娜　十三歲

很多尿床的孩子都遭到了別人的嘲笑，受到了本不該受的精神折磨，我希望他們都能交到喬安娜那樣的朋友。另外，我也要提醒那些孩子的家長，除了泌尿系統疾病外，心理障礙也可以引發尿床，所以最好請心理醫生和內科醫生進行會診。

2 青春期

　　我十三歲時，感覺到自己的身體發生了一些變化。我多次聽同學談到青春期，隱隱覺得青春期就意味著長大成人，於是我在圖書館的大詞典裡查「青春期」這個詞。但詞典裡的解釋卻讓我很不滿意，它是這樣寫的：「青春期，人首次具有繁殖力的年齡。」這算什麼解釋？我想知道的那些問題，它一個也沒有回答。那一年，月經和乳房發育的問題搞得我焦慮不安。

　　我和朋友們常常談論這些問題，但誰也沒有真正弄明白。當時我總覺得自己的發育不正常，我多麼希望自己長大以後是個正常人啊。

　　所有進入青春期的孩子，都會特別關注自己身體的變化。他們有太多的問題需要有人解答，他們很想確定自己的那些變化是正常的。我每天都要收到很多這方面的信，問我他們的身體是不是出了問題。

　　當進入青春期的孩子對性表現出好奇時，有的家長會如臨大敵，對孩子們的提問採取一種生硬的態度，三言兩語應付過去，甚至拒絕回答。孩子們在父母那兒得不到答案，只好通過別的途徑獲取答案。這樣一來，孩子們往往容易受到一些成人或色情讀物的誤導，把一些不健康的內容當作知識來掌握。

親愛的艾蜜莉：

　　我第一次來月經是十二歲，當時我嚇壞了。我以為我得了很嚴重的病，可又不敢告訴別人，後來看了這方面的書，才知道這不是病，我也不是唯一來月經的人。如果有人早點告訴我，我就不會那麼緊張了。

　　　　　　　　　　　　　　　　　　羅麗雅　十二歲

親愛的艾蜜莉：

　　我叫貝拉，最近遇到了一件很難堪的事。班上有幾個女孩在說我的壞話，她們說我往那地方塞東西。這是造謠，我根本沒做過那種事。可我又不能解釋，這種事越解釋越糟。我知道，女孩總有一天會有月經的，但我還是很害怕。我不能問媽媽，就問姐姐那是怎麼回事，她說那是一種「分泌物」，我還是不明白。姐姐說，她早就有月經了，那是很正常的事，根本沒什麼大不了的。

　　還有一件事我想告訴你，我很喜歡班裡的一個男孩，他好像也喜歡我。可問題是，我比他還高一點，你覺得這正常嗎？

　　　　　　　　　　　　　　　　　　瑪莎・十一歲

我是羅麗雅，今年十二歲。

　　我的煩惱是──我來月經時我好緊張。因為沒有人告訴過我這是怎麼麼一回事。

親愛的艾蜜莉：

　　我的同學羅麗塔最近有點不正常，她問她母親是怎麼回事，她母親不肯告訴她，只是說那些事每一個女孩都會有的。羅麗塔也問過我，但我更不知道了，因為我還沒有出現那種情況。

　　我把她的地址寫在下面，也許你願意和她談談。

　　　　　　　　　　　　　　　溫莎　十一歲

親愛的艾蜜莉：

　　我有些事很想和你談談。我正在上七年級，這個學期我的朋友們突然喜歡談論月經之類的事。因為我的個子比較高，她們就說我來了月經，經常拿這事和我開玩笑。她們完全是在胡說，我根本就沒有那種事，但我不想和她們爭辯，每次她們說這個，我就走開。其實我知道，說說那些事並沒有什麼大不了，我只是討厭她們總是拿我當話題。

　　　　　　　　　　　　　　　柯特妮　十二歲

　　有一次我和一位父親談到這個問題，他說他小時候就是從成人讀物上獲得性知識的，他認為這對孩子並沒有壞處。但我不這麼認為。因為職業的關係，我掌握很多青少年性犯罪的情況，事實表明很多這類案件都和不健康的讀物有關。

親愛的艾蜜莉：

有天晚上，我媽媽很鄭重地把我叫到她的臥室裡，跟我談了一些性方面的事情，還問我以前聽說過沒有。我不停地說沒有。其實那些事我早就知道了，我的朋友們說得比我媽媽還詳細。你是不是也把你的女兒看得很簡單？

路琪　十一歲

親愛的艾蜜莉：

我是個家庭主婦，有一個十二歲的兒子，現在個頭比我還高了。我和丈夫商量，準備給他講講性方面的知識。我的朋友們經常說，等他們的孩子長大了，就要把那些事告訴他們。但我發現，他們總是講得太晚。可等他們真的要講時，孩子們早就從別的地方知道了。

我兒子從來沒有問過我性方面的問題。說實話，我也不大好意思主動跟他說。我想，孩子不問，也許是因為他們感覺到父母對這類問題感到很緊張。這一次我和丈夫都決定了，不管怎麼樣，我們都要和孩子談一談這個問題。

我希望所有的父母都能及時地向孩子解釋那些生理現象。

雷妮　成年人

我和一些孩子的家長交流時發現，他們之所以不願意和
孩子談性問題，除了不好意思外，另個一個原因就是他們覺
得這種問題很難說清楚。我認為，家長即使不主動和孩子談
這個問題，也可以通過別的途徑讓他們了解到正確的性知
識。比如為他們選擇一些有關性知識的書，或請專業人員為
他們講解。一般來說，最好在孩子十二歲以前就告訴他，而
不要等到十二歲以後。因為十二歲以前的孩子好奇心強，又
很少有什麼心理障礙。孩子到了十四、五歲，就不願意再和
父母談論這個問題了。

3　月經

　　關於月經，兒童心理學家貝尼安女士曾經在一本書中寫道：我九歲的時候，爸爸媽媽帶我去紐澤西州的姨媽家度假。有一天，我的表姐身體不舒服，我問她是不是病了。她說：「你到了十三歲就知道了。」

　　在回家的路上，我不停地問父母，到了十三歲我會知道什麼。可他們總是轉移話題。那天晚上睡覺前，我又問父親，我到了十三歲時會怎麼樣。他摸了摸我的頭，終於看著我的眼睛，告訴我，十三歲的時候我可能會來月經。他給我詳細地講了月經是怎麼回事。不過我還是有點似懂非懂，因為他用了一些術語，比如「排卵」和「周期」什麼的。這使我產生了錯覺，我覺得每次月圓的時候，世界上所有十三歲以上的女孩都要來月經。我當時對這個話題並不感興趣。

　　我十一歲那年，有一次我和母親一起去公共廁所，她從包裡拿出一包衛生棉，問我知不知道那是什麼。我覺得很難為情，但還是回答說知道。她告訴我，再過兩年我也會用上的。那是我母親最後一次和我談月經。從那以後，父母並沒有送我這方面的書，也沒有人告訴我，如果我第一次來月經，又正好不在家，我該怎麼處理。不過，那一天真的到來時，我並沒有慌亂，因為我早已從書中了解到了相關的知識。

親愛的艾蜜莉：

　　我十一歲了，個子比別的女孩高，但我不知道
我現在算不算已經發育成熟，什麼時候會來月經。
我有時候覺得那個日子就是明天，有時候又覺得它
離我還遠，你能不能告訴我，你是什麼時候來的？

戴茜　十一歲

親愛的艾蜜莉：

　　有件事你一定要幫幫我。上個星期我來了月
經，以前我聽朋友談起過這方面的事，但我還是有
點慌。我沒有告訴媽媽，她還從來沒有給我講過性
知識呢。也許她不好意思說，也許她覺得我還小。
我今年十二歲，發生這種事正常嗎？

安吉拉　十二歲

親愛的艾蜜莉：

　　我今年十二歲，上個月來了月經，這讓我很擔心，希望你能幫幫我。我們班有一個女孩也來了月經，不知道怎麼讓那些男同學知道了，他們都拿這件事來取笑她，她覺得很難為情，很生氣。我真怕他們知道我也來了，那樣的話，他們也會笑話我，把這件事傳得全校都知道，那我可就慘了！

　　這件事我媽媽知道，但我要用衛生棉時，不好意思向她要。第一次她把一包衛生棉放在我的書桌上，我回家看見後趕緊收了起來，我怕讓爸爸看到它。請你告訴我，我怎麼才能不讓別人知道呢？

　　　　　　　　　　　　　　　　朱麗雅　十二歲

親愛的艾蜜莉：

　　我的朋友安妮說她希望早點來月經，因為那樣她就長大了。我想問問你，是不是所有的女孩都希望早點來？為什麼我一點都不想來。我總覺得那種事很髒，一想到這一點我就噁心。媽媽說，我要是在學校來了，就告訴老師。天哪！告訴老師！我可不想告訴她。不過，我還是希望自己的乳房大一點，我發現別的女孩乳房好像都比我的大。我媽媽胸部

也很平，我怕將來和她一樣。

　　我媽媽很愛嘮叨，我覺得我和爸爸要親一些。但很多事我不好意思和他說。

　　　　　　　　　　　　雷麗斯　十一歲

親愛的艾蜜莉：

　　我十三歲，在上六年級。我有很多事要告訴你，我從來沒有對別人說過，連我媽媽都沒有。

　　最近我來了月經，當時我正在教室裡，嚇得直想哭。這件事我誰也沒告訴，我媽媽也不知道。

　　　　　　　　　　　　卡茜　十三歲

　　很多女孩給我寫信，向我訴說月經給她們帶來的煩惱。我想，如果孩子的父母和老師足夠細心的話，女孩們即使在學校來了月經，也不用慌了。父母和老師有責任向孩子們講解月經是怎麼回事，來了月經該如何處理。另外，還應該告訴她們，在哪兒可以得到衛生棉。這些細緻的關懷會使女孩們感到很大的安慰。

　　我認為，也有必要給男孩們講講月經的知識。有的男孩之所以取笑來月經的女孩，是因為他們缺乏這方面的知識，對這件事感到神秘。如果他們明白了這是青春期的正常現

親愛的艾蜜莉：

　　我有個問題想問你，求求你一定給我回信。我今年十二歲。一年前，我的幾個朋友都來了月經，就我沒來，我怕她們笑我，就對她們說我也來了，我對媽媽也是這麼說的。媽媽說等我滿了十三歲，就要請婦科醫生給我作一次檢查。我還差兩個月就十三歲了，可直到現在還沒來，我很擔心醫生會看出來，如果說出去，那我可就太丟臉了。醫生能看出來嗎？如果能，我該怎麼辦？

薩拉　十二歲

象，就不會覺得好笑了。大人和孩子們分別談談異性，會有助於消除女孩和男孩之間的隔閡。

　　讀了薩拉的信，我不由得笑了，本來我以為我是唯一假裝來了月經的人，沒想到事隔多年會有一個孩子告訴我，她也這麼做過。我十三歲的時候，和我同齡的朋友都來了月經，而我卻遲遲不來。當時我很希望自己也和她們一樣，於是就告訴她們說我也來了。有個叫梅瑞迪的女孩不信，我就偷偷拿了母親的衛生棉戴上。為了使梅瑞迪徹底信服，我還抓起她的手，叫她摸摸看。她總算相信了。我暗自慶幸，如果她再檢查得仔細一點，我就露餡了。那天下午，梅瑞迪告

我是薩拉，今年十二歲。
　　我的煩惱是——我的幾個朋友都來月經了，
就我還沒有來。為了讓他們看得起我，我只好
騙他們我也來了！。

訴我她出現了痛經。於是我就皺著眉頭說我也一樣。老師敏
琴小姐問我們在談什麼，我們就跟她說我們有痛經。敏琴小
姐就把我們帶到她的辦公室，教了我們幾個體操動作，說是
可以減輕疼痛。

　　那次撒謊使我覺得很難為情，但話已出口，我只能盡力

親愛的艾蜜莉：

　　最近我經常聽到朋友們談月經，她們都說月經很麻煩，所以我有點怕來月經。我已經十五歲了，還沒有來，我媽媽說這有點不正常，準備暑假帶我去醫院看看。這更讓我害怕，我不願意去，但媽媽不聽我的。看來我是逃也逃不掉了，媽媽做事從來不管我同意不同意。我爸爸不會這樣，可這種事我又不好意思跟他說。現在離放暑假不到一個月了，我該怎麼辦呢？

桑姬　十五歲

去維持那個謊言，我也因此背上了一個精神包袱。

　　幾乎所有的女孩都對去醫院檢查感到不安。貝尼安女士在《魯西尼》中寫過類似的經歷：

　　我直到十五歲還沒來月經，而一些比我小的女孩都已經來了，我懷疑自己有些不正常，我母親也有些擔心。有一天，母親突然到學校裡找我，把我帶到一個婦科醫生的診所。醫生是個中年男人，這讓我十分不安。母親安慰我說：「沒事兒，他只是和你談談，再檢查一下就行了。」但那個面無表情的醫生什麼也沒和我談，就叫我躺在一張床上，開始動手檢查。我又羞又怕，眼淚不知不覺流了出來。由於母親

不在檢查室裡，我感到很無助，很無奈。

　　儘管檢查完後醫生說一切正常，我很快就會來月經的，但我還是恨他。在回家的路上，我哭得話也說不出來，我覺得自己被母親出賣了。直到今天，那種又羞又怕的感覺仍然清晰地保留在我的記憶中。

　　後來我問母親：「你為什麼不早告訴我他要做什麼?」母親說：「因為我擔心你會害怕。」

　　其實她不明白，真正嚇人的恰恰是那些未知的事情。如果當時他們事先告訴我盆腔檢查是怎麼回事，讓我在心理上有所準備，我也就不會受到那麼大的傷害了。

4　乳房

　　青春期身體上的變化，會對孩子們的心理產生很大的影響。有的女孩為自己的胸部太平坦而憂心忡忡，也有的女孩為自己發育過早感到苦惱。

親愛的艾蜜莉：

我已經十二歲了，可胸部還是平的。以前我更小的時候，男孩們都喜歡我，可是現在我連一個男朋友也沒有了。班上的男生都叫我「木板安妮」。為這事我哭了好多次。這些事我只對我最好的朋友凱瑞說過，她說我胸部平是因為我太瘦了。我希望你回信告訴我，怎麼才能胖一些，多喝牛奶有用嗎？我不能問媽媽，請你一定告訴我。

安妮　十二歲

我是安妮，今年十二歲。
　　我的煩惱是——都十二歲了，可胸部還是平平的，我真擔心我沒有乳房。因為我太瘦了。

　　我上五年級的時候，曾經和別人一起取笑過一個叫丹尼的女孩，因為她比較胖，胸部發育得過早。但是到了十三歲，我開始羨慕起那些胸部豐滿的女孩來，和她們相比，我

親愛的艾蜜莉：

　　我的朋友都穿上胸衣了，只有我沒有，因為我的胸部太小了。那些男孩子經常拿這個來取笑我，我恨他們，恨這個班所有的人。我想叫媽媽帶我去找醫生檢查一下，但又開不了口，我該怎麼辦呢？

戴安娜　十三歲

親愛的艾米麗：

　　我才十歲，可是我的胸部有十四歲那麼大。很多人都說我不正常，有一件事我特別生氣，學校裡有人說我可以生孩子了。我想問問你，還有沒有別的女孩也有我這種情況。如果你在下一本書裡把像我這樣的女孩寫進去該多好啊！

蘇珊　十歲

　　的胸部實在太平了。為了不讓別人笑話我，我在內衣裡塞了兩團棉花。有一次，我這麼做的時候被我媽媽看見了，她愣了一下，什麼也沒說。

　　到了十五歲，我的胸部仍然很小，但我已經不再塞棉花了，我發現了一種墊海綿的胸衣，它能使我的胸部看起來很

豐滿。可是有一天，這個秘密曝光了，讓我丟盡了臉面。當時我正在參加學校舉辦的夏令營，幾個愛搞惡作劇的男孩溜進我們的宿舍，拿走了我們的胸衣，並把它們掛在晾衣服的繩子上示眾。而在那一排胸衣中，我的是唯一墊海綿的。

　　在後來的一段時間裡，我成了男孩們嘲笑的對象，這時候我才體會到了被人嘲笑的滋味。我終於明白了以前我們嘲笑丹尼時，她心裡有多麼難過。但願所有的家長都能告訴自己的孩子，不要拿身體上的問題來嘲笑別人，也不必為自己的發育擔憂，畢竟誰也不能控制自己的發育。

5　當身體出現了異常

親愛的艾蜜莉：

　　有件可怕的事，我考慮了很久，最後還是決定告訴你。我發現我的乳房比以前大多了，最要命的是左邊乳房上還有一個硬塊。這會不會是癌症？艾麗斯姨媽去醫院檢查時就在乳房上查出了癌症。我不敢告訴媽媽，更不能對爸爸說，雖然我和他們很親，但這種事還是不能說。

　　我很害怕，我真的需要你的幫助。請給我回信，願上帝保祐你！

　　　　　　　　　　　　　　　　魯森娜　十歲

　　有的孩子因為缺乏生理知識，對自己身體上的一些異常情況感到惶恐不安，整天疑神疑鬼，又不敢問大人，只好默默承受精神上的折磨。

　　我上中學時曾經得過嚴重的「突發性紅斑」，渾身上下到

處都有紅點，連陰部也有。在母親帶我去醫院的路上，我緊張極了，擔心醫生知道陰部也有紅斑時會笑話我。可是當時我紅著臉告訴醫生陰部也有時，他並沒有露出一點驚奇的表情，只是輕輕地說了聲「哦」，好像每個人都長了紅斑似的。他的態度使我如釋重負，頓時輕鬆起來。

　　很多孩子之所以不敢把自己的煩惱告訴父母，是因為父母對待這些問題時像他們一樣緊張。

　　其實很多問題並不像我們想像的那麼可怕，如果父母能以輕鬆的態度告訴他們，這沒什麼大不了的，醫生自有解決的辦法。那麼，不管實際情況如何，至少為孩子卸下了沉重的精神包袱。

6 孩子是怎麼來的？

親愛的艾蜜莉：

　　我今年十歲，我很想知道那些只有大人才知道的事。我知道我是從媽媽的肚子裡來的，但不清楚這是怎麼回事。我姐姐比我大六歲，和我特別親，可是我一問她這些問題，她就叫我去問媽媽。我媽媽非常忙，而且我相信她會認為小孩子不應該問這種問題。請你回信和我談一談好嗎？

貝琪　十歲

　　我的父母從小就非常愛我，可我還是不足，我總覺得他們對我的一切瞭如指掌，而我對他們的很多事卻毫不知情，我覺得他們在瞞著我。我希望知道所有的秘密，我有數不清的問題，可沒有一個人為我解答。我上三年級的時候，對性產生了濃厚的興趣，我特別想知道孩子是怎麼來的。這個問題我的朋友們倒是給了我不少答案，但是眾說不一，甚至互

我是史蒂芬妮，今年十一歲。

我的煩惱是——我不知道我是怎麼來到這世界上的？問媽媽她也支支唔唔地不告訴我。而最讓我煩惱的是最近我非常想交男朋友，可是我又不敢告訴媽媽，怕她笑話我。

親愛的艾蜜莉：

　　我叫布萊特，在上六年級。我喜歡一個叫凱莉的女孩，她比我大兩歲，說我是小毛孩子。我很想知道和性有關的事情，我不能問爸爸媽媽，你能告訴我嗎？

布萊特　十一歲

相矛盾，很難讓我相信。我也翻過《牛津百科大全》，裡面的解釋既枯燥又不知所云。

　　我的父母都是知識分子，家裡有一個很大的藏書室，我常常在裡面一讀就是幾個小時。但遺憾的是，裡面卻沒有一本適合小孩看的，關於性和人類繁殖的書。儘管我很想得到答案，但從沒要求父母為我買這一類書。

親愛的艾蜜莉：

　　我媽媽快生小孩了，我直到上星期才知道，要不是我猜到了，他們會一直瞞著我的。我姑媽從西雅圖到家裡來，她和我媽媽聊天的時候，我聽見媽媽說，再過兩個月她又可以看到自己的腳了。我這才猜到媽媽懷孕了。那天晚上我問媽媽為什麼不告訴我，她說：「我不說你不是也知道了嗎？」可是我對她的回答不滿意，我覺得她應該早點告訴我，我不喜歡家裡有事我總是最後一個知道。我本來想問問媽媽，她是怎麼懷的孕，但話到嘴邊又不好意思問了。最後我決定寫信問問你，請給我回信，好嗎？

　　　　　　　　　　　　　　　　　亨利　十歲

親愛的艾蜜莉：

　　我很喜歡你寫的故事，聽說你專門回答孩子的問題，你也能回答我的問題嗎？我想問問媽媽一個人結了婚以後會做些什麼，但我不知道怎麼開口，我和媽媽談話總是很費勁，請告訴我，怎麼才能讓媽媽不討厭我問她問題？

　　　　　　　　　　　　　　　　凱特琳　十一歲

親愛的艾蜜莉：

　　我叫史蒂芬尼，過完暑假就上五年級了。可媽媽總說我是個小不點兒，從來不跟我談正經的。上次我問她我是怎麼生出來的，她說：「你還太小，說了你也不明白。」你能和我談談這個問題嗎？但願你不會像我媽媽那樣說。

　　還有一件事我想告訴你，我有個同學叫哈曼，是個男孩，他長得很帥，每天騎自行車上學。

　　他希望我做他的女朋友，我也很喜歡他，不過我沒有同意，我怕媽媽知道了笑話我。她肯定會說：「你還什麼都不懂，交什麼男朋友？」我該怎麼辦呢？

　　　　　　　　　　　　　　　　史蒂芬尼　十一歲

　　我在八、九歲的時候，有什麼問題都去問父母，包括性方面的問題。我一點都不覺得難為情，倒是他們支支唔唔，有點不好意思回答。到了十二歲，我開始害羞了，不再問父母那些問題。

　　有一天晚上，我父親神情鄭重地把我叫到他的房間。我以為我做錯了什麼，有點不安。沒想到父親對我說：「有些

事我們該談一談了。」他見我很迷惑，又說：「我應該告訴
你嬰兒是怎麼來的。」然後，他開始跟我講精子和卵子，講
它們是怎麼相遇的。我的臉一下子紅到了耳根，趕緊告訴父
親，那些事我全都知道。我的話讓父親大吃一驚，其實，我

親愛的艾蜜莉：

　　你好！我是兩個孩子的母親，我女兒七歲，正
在上一年級，兒子兩歲。我剛懷上女兒的時候曾經
想，等孩子出世了，我要做一個坦誠的母親。可是
當我懷上兒子時，五歲的女兒問我：「那個孩子是
怎麼跑到你肚子裡去的？」我卻不知道該怎麼回答
了，最後我說，因為你爸爸非常喜歡他，想讓他待
在那兒。我的回答立刻引發了女兒更多更細的問
題。儘管我很願意把一切都告訴她，但我還是無法
把做愛的事不加掩飾地說出來。最後我只能用含糊
的話應付過去，看得出來，女兒對我的回答並不滿
意。

　　我相信孩子們以後還會問我類似的問題，請告
訴我該怎麼回答才好。

　　　　　　　　　　　　　　　卡茜　成年人

對那些事並不很清楚，只是當時我太難為情了，恨不得馬上結束談話。

　　我知道父親是想盡到做家長的責任，但太晚了，那時候我已經知道害羞，再也無法從容地和父母談性問題了。我當然沒有理由指責父母，我只是想説，父母如果想跟孩子談性問題，最好不要錯過最佳時機。

　　要回答孩子們關於性和生殖的問題，確實不是一件容易的事。但如果因此迴避這些問題，孩子們就會對性感到恐懼不安，或充滿病態的興趣。

　　要想很好地回答這些問題，做父母的自己首先要具備這方面的知識。有一次，我在家長座談會上問一些已經當了爸爸的青年，子宮的作用是什麼。令我吃驚的是，竟然沒有一個人能準確地回答。如果父親自己都不知道，又怎麼能跟孩子們講清楚呢？當我問他們怎麼回答「嬰兒是怎麼來的？」這類問題時，有一位父親説：「我告訴他，上帝把一顆小石子放在母親的肚臍上，然後就變成了孩子。」這樣的話如果當作神話故事來講還不錯，如果當作知識傳授給孩子，就會對他們產生不利的影響。

　　作為家長，應該打消顧慮，以輕鬆的態度對孩子進行性教育，如果父母緊張，孩子就會更緊張。如果你覺得難為情，可以挑選一些書送給他們，並以此為突破口，和他們談這個話題，這樣一來就會輕鬆得多。即使你的孩子已經十四歲了，你送給他們這方面的書也不算太遲，也許這麼大的孩子已經通過別的途徑了解了很多，但他們很可能接受了不少錯誤的知識。

　　要知道，性教育不是一次性的。它不是談一次，或看場性教育電影就能解決問題的。它就像孩子們的成長一樣，是一個連續的過程。

　　我剛做母親時，決心毫不隱諱地回答孩子們的每一個問題。但女兒第一次問我她是怎麼來的時，我還是感到有些為難，我的回答也沒能使她滿意。後來，我買了一本《寶寶從哪裡來？》，送給女兒，並把她摟在懷裡，和她一起讀了那本書。同讀一本書不僅讓我在她不懂的時候可以加以講解，也使我和她的關係更加親密了。

7　手淫

　　我曾經和一個驚恐不安的女孩談過手淫的問題。她告訴我，在她很小的時候就發現，摸自己的陰部會有一種說不出的感覺。她的保姆琳達發現了她的這一行為，就警告說如果她再那麼做，那地方就會流血不止，並且爛掉。琳達的警告很有用，在很長一段時間裡，她不敢再碰陰部。可是上了六年級以後，她又開始了。有一天裡面流出了東西，她嚇壞了，一連幾個星期都惶惶不安。

　　那位保姆的警告確實很嚇人，也確實害人不淺。在一次座談會上，一個剛做了父親的年輕人對我說，他十幾歲的時候，有手淫的習慣。由於從來沒有聽別人說過這個問題，他以為自己是世界上唯一的變態狂。這個精神包袱實在太重了，他覺得自己的青春期簡直是在地獄中度過的。

　　和他們相比，我就幸運多了。我在青春期的時候，根本沒聽說有手淫這回事。我知道摸自己的特殊部位會有一種快感，但我和朋友們談起這件事時，發現她們也和我一樣，這使我覺得並不孤獨。既然大家都一樣，那我當然是正常的，因此我從來沒有為這件事擔心過。

親愛的艾蜜莉：

　　你的書幫了我很大的忙，真的，我要謝謝你！我有過手淫的習慣，總是為這事提心吊膽，是你的書讓我明白了很多孩子和我一樣，手淫並不像有的人說的那麼可怕。不過這件事我從未跟媽媽講，因為開不了口，現在好了，讀了你的書我就不需要再去問媽媽了。

　　　　　　　　　　　　　　　　　翠茜　十三歲

親愛的艾蜜莉：

　　有一個問題折磨我很久了。很多人說手淫對身體有害處，會使人喪失生育能力。也有人說手淫其實是正常的，真不知道該信誰好了。我自己就有這個毛病，所以給你寫信，請你一定回答我幾個問題：1.這種事是不是很下流，會不會損害我的內臟？2.我怎麼才能控制住自己？3.我將來會不會變成同性戀？4.有沒有別的孩子給你寫信，承認他們也有這個毛病？求你給我回信，我真的很害怕。

　　　　　　　　　　　　　　　　　羅傑斯　十四歲

親愛的艾蜜莉：

　　讀了你的書我才知道，原來別人也和我一樣。現在我放心了，謝謝你！

　　　　　　　　　　　　　　　　　南茜　十二歲

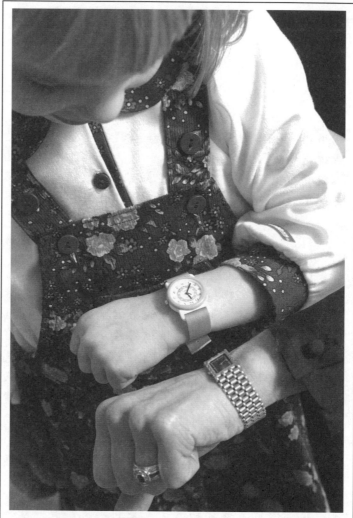

我是羅傑斯，今年十四歲。

　　我的煩惱是——我有手淫的毛病，有人說手淫對身體有害，也有人說手淫是正常的。不管怎樣，我想控制自己，但是我怎樣才能做到呢？

　　手淫是青春期普遍存在的現象，但很少有孩子會主動向
父母承認或尋求幫助。長期以來，一些關於手淫的謬論到處
流傳，在孩子們當中造成了不必要的恐慌。父母有責任使孩
子知道，手淫並不像傳說中那麼可怕。如果你無法主動開口
跟孩子談這個問題，那麼為他們挑選一些性知識的書也是一
個不錯的辦法，但一定要保證之中有對手淫的坦誠論述。

　　有一個十二歲的男孩告訴我，他母親送過他一本性知識
方面的書，但是有幾頁被她剪掉了。

　　我一了解，發現那幾頁正是關於手淫的。後來我和這位
母親通了電話，我問她為什麼要剪掉那幾頁，她說兒子才十
二歲，不適合讀手淫或遺精之類的內容。

　　這位母親顯然太不了解自己的孩子了，事實上，她的兒
子正是由於對手淫的問題感到不安才給我寫信的。我希望所
有的父母都能明白，孩子們的心思比我們想像的要複雜得
多，以一種開放的態度幫助孩子們掌握性知識，使他們放下
思想包袱，是每一位家長應盡的責任。

8 同性戀的事

親愛的艾蜜莉：

　　我叫阿麗森，今年十四歲，有個問題我想向你請教。我喜歡上了八年級的一個女孩（我上七年級），這件事我只告訴了我最好的朋友安妮，她說我是同性戀，我覺得也是。現在的問題是，安妮要是傳出去怎麼辦？雖然她向我保證過不說出去，但我還是擔心。我真後悔告訴她。另外我想問一問，有沒有別的孩子也像我這樣。

阿麗森　十四歲

親愛的艾蜜莉：

　　有件事我很想和媽媽談一談，但下不了決心，我要是說出來她肯定會氣死的。我想談的是女孩愛上女孩的問題，我知道這不正常，但有的女孩就是這樣，只喜歡女孩。你能不能告訴我，如果遇到這種情況該怎麼辦。

瑪格麗特　十三歲

親愛的艾蜜莉：

　　我十二歲，是個男孩。我相信我是同性戀，這是事實，因為我對男孩的興趣比女孩大得多。

　　我希望你寫一本書，主人公是個同性戀，最好是個男孩。另外，我想知道你對同性戀怎麼看。

　　　　　　　　　　　　克萊爾　十二歲

親愛的艾蜜莉：

　　我是一個單身女人，今年三十六歲，從未交過男朋友。我上中學的時候喜歡上了一個女孩，那種感覺就像女孩喜歡男孩一樣。這件事使我在好幾年裡陷入了焦慮和痛苦之中，我一直說不清這算不算同性戀，其實我也希望有一個能讓我喜歡的男人來拯救我，可惜始終沒有遇到。希望你能寫一本關於同性戀的書，幫助那些為這種事苦惱的孩子，告訴他們不必因此而自卑或自責，因為那不是他們的錯。我相信那種感情是天生的，是正常人體會不到的。

　　　　　　　　　　　　安卡麗　成年人

　　關於同性戀，人們態度不一。就目前的情況來看，仍然是歧視多於理解。在青少年中，同性戀確實是存在的，但也不排除有的孩子由於對「同性戀」這個概念不很清楚，僅僅因為曾經和同性夥伴做過性遊戲，而誤以為自己就是同性戀。

　　關於同性戀的成因，至今仍然說法不一，在學術界也存在著分歧。有人認為同性戀是社會因素造成的，也有人認為是先天因素造成的。就我而言，更傾向於前一種說法，因為許多同性戀者可以通過心理治療，把興趣轉向異性。但不管同性戀的成因如何，我都贊同安卡麗的觀點，即同性戀者不必自卑和自責。如果想改變自己，可以積極地尋求專業人員的幫助。

　　另外，我要特別提醒那些孤獨無援的孩子，小時候同性之間有過性遊戲，不一定就是同性戀。是與不是，要依據自己真實的感覺，而不是別人的看法。

【第七扇門】

男孩、女孩
與禁區

⒈ 我想要別人喜歡我

親愛的艾蜜莉：

　　我叫維麗雅，已經十四歲了。我的朋友大多數都有了男朋友，就我和一個叫多娜的女孩沒有。有一次我跟媽媽提到這件事，她說不要急，到了十七歲以後再交男朋友才正常。我媽媽就是十八歲才開始有男朋友的，而且第一個男朋友不是我爸爸。

　　話雖這麼說，但我還是難過。不僅沒有男孩約我，連那些女孩也不喜歡和我來往。我不知道我哪一點不討人喜歡，我真的不知道。請告訴我該怎麼辦？

　　　　　　　　　　　　　　　　維麗雅　十四歲

我是維麗雅，今年十四歲。
　　我的煩惱是——我沒有男朋友，可是我的朋友大多數
已經有了。是不是像媽媽說得那樣，到了十八歲交男朋
友才正常呢？

　　由於害怕遭到冷落，孩子們特別在乎別人對他們的看
法，尤其是異性的看法。他們是否快樂，在很大程度上取決
於能否得到異性夥伴的喜愛。經常有孩子給我寫信，向我傾
訴得不到異性喜愛的苦惱。

　　我母親小時候十分拘謹，在男孩面前尤其放不開，而她心裡卻很想成為男孩們追逐的對象。

　　有了我以後，母親想把我塑造成所有人的寵兒，希望我能夠實現她未遂的心願。我在很小的時候就感覺到，如果我不能得到大家的喜愛，母親就會非常失望。為了不讓她失望，我把討人喜歡當成了必須完成的任務。我學會了把真實的自己隱藏起來。我從來不向家人或朋友說出我內心的恐懼、不安和失意。我總是用一種天真的姿態惹人發笑，故作輕鬆地和男孩子耍嘴皮，我敏銳地捕捉著別人的表情並快速作出反應，目的只有一個，那就是引起別人的關注和喜愛。我小時候簡直是一個天才的演員，我的大多數表演都是成功的，我相信沒有人能看破。然而，在我十四歲那年卻演砸了一次，我第一次嘗到了孤獨的滋味。

　　那是一個暑假，我和一個叫艾格尼的同學一起參加了夏令營。除了艾格尼，所有的孩子我都不認識，因此在出發前，我就為廣交朋友作好了準備。本來平時我比艾格尼有人緣，但那一次情況發生了變化。夏令營的一項重要的活動就是騎馬，一向老實的艾格尼突然活躍起來，沒幾天就成了中心人物之一。這主要歸功於她以前在德克薩斯的牧場練就的騎術。而我儘管發揮了全部演技，還是收效甚微。沒有一個男孩對我獻殷勤，他們都圍著艾格尼轉。那個夏天我過得很不開心，我最大的心願就是夏令營快點結束。我的母親並不知道我的遭遇，但從那以後，我開始對我的表演生涯感到厭倦了。

親愛的艾蜜莉：

　　我叫蘇姍娜，剛過了十一歲生日。我的牙齒有點不整齊，但不算難看，整體來說，我比大多數女孩都漂亮。可是上星期我媽媽帶我去看了牙醫以後，我就倒楣了。他們給我帶了一個矯正器。那東西非常難看，含在嘴裡叫人噁心。可以說我戴那個鬼東西全是被媽媽逼的。一想到要戴著它去學校，我覺得還不如死了好。本來我打算只在家裡戴，去學校的時候偷偷把它取下來，可是媽媽看透了我的心思，她說如果我那樣做，用不了一年牙齒就會掉光，那時候就成了真正的醜八怪了。沒辦法，我只好戴著它去上學。到了學校，我一開口說話他們就盯著我的嘴，那些男生還取笑我。最讓我生氣的是，連湯姆也跟著笑。湯姆是一個很帥的男孩，以前他說過喜歡我的，現在我戴了那鬼東西，他肯定不會再喜歡我了。

　　唉，班上每一個人都是那麼討厭，女生更討厭，老是在背後議論我。我恨死矯正器了，我不能恨媽媽，不能恨牙醫，畢竟他們是為了我好。

　　　　　　　　　　　　蘇姍娜　十一歲

親愛的艾蜜莉：

　　我十三歲了，還沒有一個男孩約我出去玩。我長得應該算漂亮，也愛幫助人，可為什麼男孩就不喜歡我呢？

　　　　　　　　　　　　　　　　　安妮　十三歲

親愛的艾蜜莉：

　　很多人都說我長得好看，我的身材是全年級最好的，可是我喜歡的男孩從來不找我，別的男孩也不是很喜歡我。可是我的朋友勞拉那麼胖，卻交了好幾個男朋友。我真不明白這是為什麼。

　　　　　　　　　　　　　　　　　歐萊雅　十二歲

親愛的艾蜜莉：

　　我媽媽經常問我學校的情況，問我和同學們處得好不好。我告訴她，我有很多朋友，他們都喜歡我。可實際上，他們並不喜歡我。我自己也說不清為什麼不對媽媽說實話。我多麼希望我說的是真的啊！我怎麼才能讓他們喜歡我呢？

　　　　　　　　　　　　　　　　　琳笛婭　十二歲

　　我十幾歲的時候，也和琳笛婭一樣，對媽媽報喜不報憂。我在夏令營受到冷落那一次，媽媽問我過得怎麼樣，我真想對她大聲喊，我一點也不開心，我討厭那裡的每一個人！可是說出來卻成了「很好，我很開心！」

　　琳笛婭不清楚自己為什麼對母親撒謊，我卻知道，我怕說了實話會讓媽媽失望。我自己當了母親以後，也和我母親一樣，希望女兒處處受人喜愛。儘管我知道一個人在成長過程中不可能沒有痛苦和失意，我也沒有能力讓所有的人都喜歡我的女兒，但我還是對女兒寄予了很高的期望。不過和我母親不同的是，我沒有過多地表現出這種期望，我知道那樣做會使孩子學會演戲，學會強顏歡笑。我能做的只是盡量幫助她，誠懇地鼓勵她，增強她的信心，使她學會正確地看待自己和別人。

　　當我的孩子遭遇了痛苦和失意時，我總是用林肯的那句格言來安慰自己：如果你不經歷挫折和失敗，就體會不到真正的快樂。

　　作為一個普通的母親和一個心理醫生，我想告訴所有的孩子：根本沒有必要去研究怎麼討人喜歡。一時的受歡迎並不等於成功，被冷落也不意味著失敗。你只要做一個坦誠、友善的人，自然會有人喜歡你，而且那樣的友誼和愛情才最經得起時間的考驗。

2 我在戀愛

　　男孩和女孩在成長的各個階段，會經歷一系列微妙的心理變化。我的朋友，自由撰稿人佐芙妮女士對此有過生動的描述：

　　維特根是我小時候最好的朋友。剛上小學那幾年，我和他一起觀察昆蟲，一起到他家的果園裡摘蘋果，他為了我和別的孩子打架，我們手拉著手到教堂墓地去探險。

　　可是到了五年級情況就不一樣了，五年級是男孩和女孩對立的一年，我們之間雖然沒有互相作對，但不再那麼親密了。他整天和男孩子一起玩，我也和女孩們有說不完的話。到了六年級，情況又變了，男孩女孩不再對立，而是互相懷著強烈的好奇心。女孩開始有了浪漫的幻想，我們經常在一起談論男孩，把各自喜歡的男孩寫在本子上，按喜歡程度排好順序。到了八年級，我每個月都會愛上好幾個男孩。當然，事實上我不過是在把他們理想化，當我發現這一個不符合我的理想，我就會馬上對下一個寄予浪漫的希望。

　　和我的朋友們相比，我是幸運的。因為我的父母很尊重我的戀情。只要是我帶到家裡去的朋友，他們都熱情接待。最讓女孩們羨慕的是，我的父母鼓勵我把男朋友帶回家。我根本不用像她們一樣，在寒冷的冬天和某個男孩無處可去，只能在黑暗的巷弄裡約會，我在家裡有足夠的活動空間。

　　我是芭芭拉，今年十三歲。

　　　我的煩惱是——我喜歡我們學校一個叫做恩伯特的男
孩，可是他對我卻好像一點也不在乎，我真想讓他知道
我在愛他！

親愛的艾蜜莉：

　　我叫珍妮，現在十二歲，正在上七年級。我非常愛讀你寫的小說，如果你能把我的故事寫出來，那我就太高興了。

　　我九歲的時候喜歡上了一個叫羅賓的男孩，為了這事，我最好的朋友梅尼不再理我了，因為她也喜歡羅賓，而羅賓更願意和我在一起，不過他從來沒有正式約過我。兩個月前，羅賓轉學了，聽說他家搬到西雅圖去了。我非常難過，我相信以後再也見不到他了。最讓我難過的是，他走之前什麼也沒有對我說，直到現在也沒有給我寫信，而我又不知道他的地址。

　　我知道這個訊息的那天哭了一場，結果那些女孩都在背後議論我。我假裝不在乎，但心裡卻很生氣。

珍妮　十二歲

　　我十五歲的時候愛上了一個叫德比的男孩，當時我對男孩充滿了浪漫的幻想。有一次我的朋友格瑞琳要在家裡舉行晚會，那段時間她的父母不在家，我們可以鬧翻天。那天中午我邀請德比一起去參加晚會，他答應了。整個下午我都沉浸在幻想之中，我想像德比成了我的男朋友，我們手拉著手

親愛的艾蜜莉：

　　我們學校有個叫恩伯特的男孩，我媽媽知道我喜歡他，不過我從來沒有承認。以前我覺得他不夠帥，可現在我真的愛上他了。可他好像對我一點也不在乎，有一次還當著別人的面嘲笑我，這讓我非常難過。我想讓他知道我愛他，但又不知道怎麼說。你能幫我出個主意嗎？

芭芭拉　十三歲

親愛的艾蜜莉：

　　前幾天有個叫柯雷特的男孩說他喜歡我，想約我出去玩，我沒有同意。他為人不錯，我也有點喜歡他，可是他和我一樣，也是十四歲。另外我覺得他太瘦了。而我想要的男朋友應該是十六歲以上，身材高大，最好能開車帶我出去玩。現在的問題是，在我們學校像這樣的男孩子很少，因為我們學校沒有高中，而我又沒有機會去認識其他學校的男生。我媽媽什麼事都要管，我越來越煩她了。柯雷特還會來找我，我很猶豫，很想聽聽你的意見。

修娜　十四歲

親愛的艾蜜莉：

　　我喜歡一個叫德瑞的男孩，他籃球打得很好。他以前也喜歡和我來往，但我不能確定他喜歡我。最近這段時間我很難見到他，因為他下了課不是往男孩堆裡鑽，就是消失得無影無蹤。

　　另外有件事我很擔心，就是喜歡他的女孩很多，我怎麼才能讓他喜歡我一個呢？

　　　　　　　　　　　　　　　愛瑪　十三歲

在樹林裡漫步，每走幾步就接一次吻。

　　可是那個晚上德比讓我大失所望，他倒是去了，但整個晚上他只顧和那些男孩說笑，一支舞也沒有和我跳。最後大家分手的時候，他也沒吻我。明明是我約他來的，但他對我和對別的女孩沒有什麼區別。這件事讓我非常傷心，偷偷哭了好幾次。十幾年後，我又遇到了德比。

　　我問他還記不記得那個晚會。他想了好一會兒才說：「是不是小個子哈特讓我們看潛艇模型的那一次。對了，是在格瑞琳家。」你看，他把我忘了個乾乾淨淨，能讓他想起那次晚會的只是潛艇模型。我告訴他，那天晚上我傷心透了。他聽了非常吃驚，說他那時候根本不會揣摩女孩的心思，他對模型的興趣要比女孩大得多。

3　戀愛的禁區

　　我們常常聽到老人感嘆：「時代不同了。」是的，時代不同了。現在的孩子和我們那一代比，發育得更早，觀念也更開放。在我小時候，大多數女孩還相信好女孩是不應該在婚前有性行為的。

　　親愛的艾蜜莉：

　　　　前一陣兒我讀了你寫的故事，那個桑婭簡直就是我。我感覺孩子們心裡在想什麼你全都知道，所以我給你寫信，我有很多煩惱，希望你能告訴我該怎麼辦。

　　　　我已經十四歲了，還沒來月經，很多比我小的女孩都來了，這真讓我擔心。我認識的女孩大多不是處女了（至少她們是那麼說的），她們知道我的情況，背後叫我「老修女喬琳娜」。

　　現在她們一說那種事我就躲得遠遠的。我很生氣，可又沒辦法。我很想找個人談談這件事，可是媽媽太忙了，根本沒興趣聽我說什麼，爸爸又整天不在家，就是在家我也不會和他說這個。我姐姐已經結婚了，不在家裡住。我弟弟呢，什麼也不懂，就知道玩。我家就是這麼個情況，我非常孤獨。我常常想，我要有個能理解我，尊重我的男朋友就好了。

　　這個學期，有個男孩說他喜歡我，想放了假和我一起去他叔叔的農場玩，我猜他可能有那種意思。我還沒有跟媽媽說，我知道說了她肯定不會同意的。我想我要是不去，下學期他就不會再找我了。我該怎麼辦呢？我心裡亂極了。請回信，好嗎？

　　　　　　　　　　　　　喬琳娜　十四歲

親愛的艾蜜莉：

　　我認識了一個高年級的男孩，叫艾瑞克。有一天中午，他要我和他接吻，我沒有同意，他很生氣。回到家裡，我問姐姐該怎麼辦。姐姐說：「如果你想，就吻嘛，有什麼好怕的。」我是想，我只

是擔心自己不會。我對著鏡子練習了好多次，但到了真的跟他接吻時，我又緊張起來，結果他現在不肯找我了。我不能再去問姐姐，我已經把她問煩了。如果你能告訴我該怎麼做，那就太好了。

史蒂芬　十二歲

親愛的艾蜜莉：

　　我並不想向你訴苦，給你寫信，是因為我想找個人談談，而你正好是能夠理解我的那種人。

　　我懷孕了，我知道我必須把孩子生下來，也知道我將過一種我完全沒有想到的生活。如果我和亞當斯早幾個月讀到你的書，也許這一切就不會發生了。我現在的心情很複雜，我自己也說不清它是幸福還是痛苦，唯一能肯定的是，我很緊張，因為我一點準備也沒有。

羅麗塔　十七歲

親愛的艾蜜莉：

　　我叫安德烈，今年十六歲，上八年級。我不打算再上學了，我要去汽車修理廠當學徒。是我的一個朋友介紹的，他幫我虛報了兩歲。我的女朋友十

五歲，她懷孕了，被她父親趕了出來，現在沒有一個固定的住所。我發誓，我會照顧她的，可是我有太多的麻煩事，要辦退學、找房子（我不打算住家裡）、借錢等等。我父母還不知道這件事，我該怎樣向他們解釋呢？尤其是我媽媽，她一直盼著我上大學。

安德烈　十六歲

　　大部分家長都不希望自己的孩子過早地偷嘗禁果，很多父母對孩子的性早熟感到憂慮。他們完全有理由憂慮，女中學生因懷孕而不得不退學的事已經屢見不鮮，在這個觀念開放，充滿誘惑的時代，他們的女兒很可能會成為下一個未婚媽媽。但他們又不得不承認眼前的現實：他們無法控制孩子們的行為。

　　我十幾歲時，偷嘗禁果的女孩還不多。在我上高中時，還是有兩個女同學因懷孕而退學。

　　我記得她們的學習成績都很好，上大學本來是順理成章的事，但卻過早地做了母親。顯然，這件事完全改變了她們的生活。

　　是的，我們得承認，時代不同了，但我們還是要承擔起

我是　，今年十三歲。

　　我的煩惱是——我認識了一個高年級的男孩，叫艾瑞克。有一天，他要我和他接吻，我沒有同意。關鍵是我對接吻這件事情一點也不知道！

做父母的責任。我們既不能迴避現實，又不能放任自流。我認為，最好的辦法是開誠布公地跟孩子們討論那些問題。通過坦誠的交流，使他們認識到，在熱戀的時候，保留一些理

親愛的艾蜜莉：

　　我和男朋友分手了，是我提出來的，我現在很後悔。我的朋友們都說，做了就不要後悔，這樣的話我也說過，可是事情發生在自己身上時，我才知道那是一句空話。

　　我和他是因為性方面的事吵起來的，互相都說了一些傷人的話。他走了以後，我哭了很多次。我父母說我不值得為他那樣。可他們不知道我和他在一起時，有多麼溫暖和快樂。

　　　　　　　　　　　　　　　　羅拉　十四歲

親愛的艾蜜莉：

　　我叫傑茁，上七年級。我交了一個男朋友，我非常愛他。可平時我老找不到他，而他每次找我都要提出那種要求，我總覺得他只是在利用我，不是真的愛我。這讓我非常傷心，我從來沒有跟他談過我的感覺，我不知道該怎麼說。

　　　　　　　　　　　　　　　　傑茁　十三歲

智對他們並沒有壞處，理智並不意味著保守和落伍。

　　對於性問題，不少父母會給孩子定下規矩。我和很多孩子談到過這個問題，絕大多數孩子雖然能夠接受這種規矩，

但他們更喜歡父母針對現實和責任,和他們進行討論。嚴格生硬的規矩容易使孩子們有問題瞞著父母。

我曾經為一個女高中生進行心理治療,她可以和任何男性發生性關係,我向她指出,她這麼做是出於內心的自卑,她想用性來證明自己有魅力。剛開始她不願意承認這一點,直到有一天,她深愛的男友離開了她,她才不得不承認,性感並不能完全代表一個人的魅力。

我也遇到過和上述例子完全相反的情況,一位結婚五年的亞裔少婦告訴我,她從小受的是東方教育,使她把性視為天底下最可恥的事情。由於長期的性壓抑,她和丈夫做愛時,從來沒有放鬆過,也從來沒有體會過其中的快樂。

作為家長,我們應該使孩子們明白,既不能用性行為來證明自己的魅力,也不能把性視為洪水猛獸。和戀人相親相愛確實是一種幸福,但絕不能為此喪失自己的獨立性,這裡的獨立性指的是獨立思考的能力和內心的真實感覺,為了趕潮流或不失去對方,就強迫自己去接受性生活是可悲的。

雖然我們無法控制孩子的行為,但和孩子們坦誠地討論性問題,明確地說出我們的觀點,是我們首先要做的。同時,作為預防措施,我們還有責任讓孩子們了解避孕和預防性病的知識,使他們學會保護自己。

【第八扇門】

家庭裡的
重大事件

離家出走的少年

親愛的艾蜜莉：

　　我叫盧比特，今年十歲，上四年級。我姐姐艾麗絲交了一個男朋友，那個人我見過，胳膊上刺滿了圖案，經常騎摩托車到學校找我姐姐。我媽媽不准姐姐和他來往，為了這個姐姐和媽媽吵了一架，第二天就離家出走了。我估計她和男朋友去了費城，我非常想念她。我媽媽脾氣不好，以前整天朝她吼，現在她一走，媽媽就衝我來了。

盧比特　十歲

　　一個教養所的男孩在給我的來信中說：「如果我再不走，我會發瘋的，我一定會把房子燒了，然後自殺。」沒有一個孩子願意離開溫暖的家，離家出走，往往是迫不得已的選擇。

親愛的艾蜜莉：

　　我哥哥太可恨了，他總是讓我父母生氣，我媽媽為了他哭了好多次。我真想不明白，他為什麼總是給家裡找麻煩，為什麼誰的話也聽不進去呢？兩個星期前，他因為考試不及格被我爸爸教訓了一頓，當天夜裡他就開著家裡的汽車跑了。

　　我爸爸到處找他，把他所有的朋友問了一遍，有一個男孩說：「艾瑞克打算自己養活自己，他再也不會回來了。」我媽媽急得直哭，我也很為他擔心。第二天深夜，他回來了。我媽媽抱著他親了又親，我爸爸也顯得很高興，一句責怪的話也沒有說。本來見到他我也很高興，但接著又生起氣來。我們對這個老給家裡添麻煩的人是不是熱情得過分了點兒？難道他越惹媽媽傷心我們就越要對他好嗎？

　　　　　　　　　　　　　　傑妮亞　十一歲

　　我曾經和一些離家出走的孩子談過，大部分孩子都對外面的生存環境抱有不切實際的幻想，總以為只要有勇氣走出那一步，就會開始一種全新的生活。剛離家的時候，由於他們太年輕，有太多的未來可以期盼，即使吃了一些苦頭，也

親愛的艾蜜莉：

　　我有一個哥哥，叫羅伯特，在上八年級。上個月警察到家裡來找過他，從那以後他就再也沒回來。我們全家都很為他擔心，不知道他去了哪裡，也不知道他在外面會幹出什麼事來。警察說羅伯特和一起汽車盜竊案有牽連，我爸爸、媽媽真是又氣又急。可是急有什麼用呢？如果不是媽媽整天嘮叨，爸爸動不動就打人，羅伯特也許就不會和那夥人搞在一起了。

　　我能猜到羅伯特在哪裡，和誰在一起，但我不能說。羅伯特警告過我，不准我說出關於他的任何情況。我不說，並不是怕他揍我，我只是覺得如果有一天我在家裡也待不下去了，可以去找他。我很怕我爸爸，我在家裡連話都不敢大聲說，我不能給他任何揍我的理由。

　　讀了你的書，我才知道有的孩子比我更慘，不過我還是希望你寫寫我和羅伯特的故事。

　　　　　　　　　　　　　　　　哈里森　十一歲

會安慰自己說：「挺過這一陣子，一切都會好起來的。」但具體怎麼讓一切好起來，他們又很茫然。

　　我曾經出席過由紐約市警察局舉辦的青少年犯罪問題研

我是盧比特，今年十歲。

　　我的煩惱是——我姐姐交了一個全身刺滿圖案的男朋友，那個人我見過，媽媽不准姐姐和他來往，為此姐姐和媽媽吵了一架後就離家出走了。姐姐走了以後，我就變成媽媽的出氣筒。

討會，警方提供的統計數字表明，紐約地區離家出走的孩子中，有百分之六十以上存在著吸毒、販毒、賣淫、盜竊、搶劫等問題。從我了解的種種情況來看，孩子面臨嚴重的家庭

問題時離家出走，大多是從一個苦海裡跳進了另一個苦海，並不能真正解決問題。

要想避免孩子離家出走，家長必須正視家中出現的問題，盡量以平和的態度和孩子一起討論，爭取達成共識。當然，家庭矛盾往往是長期以來積累而成的，並非一兩次談話就能解決。

但作為家長，還是應該為打破僵局走出第一步。在解決問題之前，一定要營造一種互相尊重的家庭氣氛，必要時還可以尋求外界或專業人員的幫助。

2 愛是唯一的藥品

　　很多青少年染上了吸毒、偷盜、鬥毆等惡習，有的是因為家庭出了問題，有的則不是。我認識一位問題少年的母親，她和丈夫從不打罵孩子，而且在孩子的成長問題上下了很大的工夫，但她的兒子還是因吸毒和偷盜被警察一次次帶走。有一次這位傷心欲絕的母親向我哭訴說，有時候她覺得再也無法忍受了，她真希望戴維消失掉，讓她過上哪怕是半年的平靜生活。但戴維似乎不打算給她一個清淨，他在毒品裡越陷越深，終於大病一場，把家裡拖得不得不舉債度日。

　　為了讓戴維有一個全新的環境改過自新，他們把家搬到了路易斯維爾的一個小鎮上，但戴維很快又和當地的小流氓打成一片，成了一個小幫派的頭頭。

　　我始終和這位母親以書信保持聯繫，她希望我能寫一本關於規矩人家的孩子怎麼染上惡習的書。我表示願意和她一起幫助戴維，鼓勵她自己把家庭的不幸寫出來。她寫了，我把它作為典型案例摘錄如下：

　　我有兩個女兒和一個兒子。大女兒溫妮十九歲，在上大學。兒子戴維十六歲。蘇姍十五歲，上八年級。

　　戴維從十二歲起，就一直是家裡煩惱的根源。他第一次被警察帶去訊問是十四歲，原因是他給一位女士打猥褻電話。我向警察保證，一定帶他去社區裡的青少年心理諮詢中

心接受輔導。但戴維說什麼也不肯去，而且連學也不肯再上了，整天和一幫野孩子攪在一起。沒過多久又因撬了自動售貨機再次被警察帶走。

我和丈夫都要上班，不可能整天盯著他，就聽從了一位老師的建議，把送他到教養所呆了一段時間。這也許是我們一生中最愚蠢的決定，戴維在教養院待了四個月，不但沒有改好，反而在那裡認識了更多的小流氓，還染上了毒癮。他出來以後，爲了有錢吸毒，不顧一切地偷，先是偷家裡的錢，我們有了防備後他又開始偷朋友和鄰居的東西。於是我又把他送進了戒毒所，他在那裡待了三個月，回來後有一段時間整天不出門，也沒有再吸毒。可是最近他又開始了，經常好幾天不回家，我又在他胳膊上發現了針眼。

由於戴維聲名狼藉，我的兩個女兒也不得不承擔由此帶來的恥辱和痛苦。溫妮爲自己終於上了大學而慶幸，只要戴維在家，她就不回來。蘇姍是個熱心腸的孩子，功課好，交的朋友也都是正派孩子。她從小就和戴維很要好。戴維剛出事時，她極力爲他辯護，不肯相信那是眞的。但是後來，接二連三的事實使她不得不保持沉默。戴維不僅向我和丈夫，也向蘇姍保證過，絕不再幹那些事，但他一次次的言而無信使蘇姍傷透了心。

現在，蘇姍再也不相信他了。平時不怎麼和他説話，只要一説話，就會伶牙俐齒地羞辱他。那些話刻薄得連我都感到吃驚。我想，她這樣對待戴維，是因爲她太失望了，她心裡有氣。

蘇姍只知道生氣，不明白戴維爲什麼偏偏要吸毒、偷

竊。不僅她不明白，我也不明白，我和丈夫都有穩定的工
作，家裡的條件應該算比較好的。平時孩子們有什麼正當要
求，我一般都會滿足他們。我和丈夫從來不打罵孩子，戴維
小的時候我和他無話不談，他並不缺少關懷和愛。我丈夫話
不多，但他很愛孩子們，這一點戴維應該知道的。那麼原因
到底在哪兒呢？在學校還是在社會，或者是他生下來就是個
魔鬼，是上帝派來懲罰我的？

　　每當蘇姍羞辱戴維，我的心情就特別複雜，不知道該怎
麼辦。我愛蘇姍，也愛戴維，一方面我替戴維感到難過，可
同時我又覺得蘇姍替我發洩了心中的怒火。

　　儘管有時候我心中充滿了怒火和失望，但都是暫時的，
真正長久留在心裡的，還是對戴維的愛。是的，愛，不管怎
樣，我仍然深愛這個使我不得安寧的孩子。

　　我不知道該怎麼安慰這位傷心欲絕的母親，她曾經尋求
過別的心理醫生的幫助，但收效甚微。孩子墮落的背後確實
有著相當複雜的社會原因，我沒有自信說出我比別人高明。
也許我唯一能做的就是把她的經歷和感覺寫出來，讓戴維和
所有走上歧途的孩子明白，他們的母親有多愛他們。也許，
愛是最後一劑良藥。

3 家庭裡的拳頭

親愛的艾蜜莉：

　　我爸爸是個酒鬼。我討厭他，也怕他。他經常好幾天不回家，我真希望他永遠不要回來，因為他一回家不是砸東西就是打我媽媽。我媽媽從來不反抗，她只能哭，反抗也沒用，我爸爸太強壯了。每一次我都非常想大喊一聲：「不許你再打她！」可事到臨頭又什麼也不敢說，只能躲到我的房間裡一個人生氣。我恨爸爸，也恨我自己，我是一個沒有用的膽小鬼！

　　我媽媽打算和爸爸離婚，我為她感到高興，但也很擔心，我不知道我以後該怎麼辦。你能給我回信嗎？

凱恩　十一歲

我是凱恩，今年十歲。
　　我的煩惱是──我爸爸經常經常喝醉酒，酒醉了以後，就開始打媽媽，我恨死爸爸了，但又不知道該怎麼辦。

　　我從小生活在一個和睦的家庭裡，在我十五歲的時候，才第一次知道家庭暴力的可怕。那是暑假的一天，我的朋友凱莉請我到她家去過夜，我母親同意了。

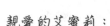

親愛的艾蜜莉：

　　我叫保羅，今年十二歲。我爸爸媽媽要離婚了，到時候我跟爸爸。他的女朋友住在芝加哥，我們可能要搬過去。爸爸不喜歡我，他說他要我是實在沒辦法。他就是這樣對我說的。

　　我媽媽酗酒，有一次差點把我打死，為這件事她還被帶到了警察局。我永遠也忘不了那個晚上，媽媽用盤子把我砸得暈了過去，其實我倒是沒覺得很疼，但我太傷心了，我到現在也不敢相信，那樣打我的會是我媽媽。我媽媽不喝酒的時候對我還不錯，說實話，她要是不打我的話，我更願意跟她，但她打了我，法庭就判我跟爸爸了。

　　　　　　　　　　　　保羅　十二歲

　　當我們正準備睡的時候，凱莉的父親醉醺醺地回來了，他沒有敲門或用鑰匙開門，而是用肩膀把門撞開。凱莉的母親趕緊把我們帶到樓上的房間裡，並警告我們不要下樓。那個晚上發生的事我沒有看見，但卻聽到了非常可怕的聲音。樓下不斷有玻璃或瓷器被打碎，中間還夾有男人的吼叫和女人的呻吟。我嚇得緊緊抱住被子，渾身發抖，凱莉卻很平

親愛的艾蜜莉：

　　我的家簡直是個瘋人院！整天是打呀，摔呀，尖叫呀，沒個完。我今年才十歲，我要什麼時候才熬到頭啊？

　　我有一個哥哥和一個姐姐，爸爸動不動就打我們。我姐姐一挨打馬上就還手，要不就跑出去好幾天不回來。我哥哥倒是不還手，但我就慘了，他每次挨打都會拿我出氣，爸爸打他有多狠，他打我就有多狠。我媽媽什麼也不管，就知道哭。我怎麼辦呢？我在這個家裡活不下去了。我多麼希望能收到你的回信啊！

　　　　　　　　　　　　　　溫斯頓　十歲

靜，一副見多不怪的樣子。她安慰我說，不用怕，過一會兒就沒事了。但事實並不是她說的那樣，廝打聲時而響起，一直持續到深夜。那個晚上我幾乎沒有睡著，我在想，凱莉和她母親怎麼能忍受這樣的生活？

　　很多孩子給我寫信，向我訴說他們對家庭暴力的恐懼和無奈。但願那些有家庭暴力行為的父母能明白，他們的行為給孩子們帶來了多大的傷害。

親愛的艾蜜莉：

在我最難過的時候，我讀到了你的書。我要說，你的書給了我很大的安慰。真希望能快點看到你的下一本書。

我在家裡過得很不開心，我哥哥老是欺負我，他揪我的頭髮，扇我耳光，如果我告訴媽媽，他下次打得更狠。我太恨他了，有時候我真想殺了他。要是我姐姐在，就會幫我。可她因為和爸爸吵架，被他趕出去了，現在她和男朋友住在一起。聽說他倆準備到聖路易斯去住，也許我再也見不到她了，這讓我難過得想哭。我打算讓媽媽讀讀你的書，不過她太忙了，也許不願意讀它。

湯姆 十二歲

儘管我知道很多家庭暴力的案例，但馬丁的信還是讓我吃驚，我本來想立即給他所在城市的虐待兒童案件受理處打電話。但粗心的馬丁忘了在信上留下他的地址。

讀這封信的那天我很難過，我能想像到這個十一歲孩子的痛苦和無奈，我真希望能及時地保護他。但願他能和學校的心理諮詢員談一談，如果他們學校有的話，或者鼓起勇氣

親愛的艾蜜莉：

　　在我最難過的時候，我讀到了你的書。我要說，你的書給了我很大的安慰。真希望能快點看到你的下一本書。　兩年前我爸爸、媽媽離了婚，爸爸搬到托萊多去了，我每年只能見到他一兩次。現在我和媽媽、繼父住在一起。我繼父叫費南特，對我非常凶。他跟我說的每一句話都是命令，如果我不聽他的，他就打我。我現在不大和他說話，媽媽說這是我不對，她太不理解我了，我並不是一開始就不理他，是繼父打了我很多次以後才變成這樣的。

　　有一天繼父的同事要帶孩子到我家來作客，繼父要我晚上幫著看孩子。可是客人直到晚上九點還沒來，繼父就對我說：「你怎麼還不去睡覺？」我說：「你不是叫我看孩子嗎？」他就衝我吼：「少廢話，快去睡！」

　　我回到房間後，怎麼也睡不著，明明是他讓我看孩子的，怎麼又怪我不睡覺？我從床上爬起來，走到客廳想跟媽媽說說這件事。繼父見我出來，就又衝我吼：「你是怎麼回事，馬丁？」我說：「我要和媽媽談一談。」他又說了一句什麼，但我沒聽

清。他就朝我撲了過來。我趕緊往回跑，想把房門
關上，他一把就把門推開了，抓住我就打。他把我
壓在地上，抽出皮帶，在我身上亂抽。後來乾脆放
開我，使勁地抽，我用手護住頭，在地上滾來滾去
想躲開皮帶，但根本就躲不過去。我實在太疼了，
大聲叫媽媽。媽媽好一會兒才過來，繼父被媽媽拉
開後，還朝我身上踢了一腳。

　　我睡覺的時候脫下衣服一看，身上、胳膊上到
處都是紫色的傷痕，我疼得一晚上沒睡。我真是恨
死他了。第二天我跟媽媽說，我要打電話給警察。
她說我要是告訴警察就別再回家！是的，我不想回
家，可是我能去哪兒呢？我真希望快點長大啊！我
要是有一個像你這樣的媽媽就好了，你能幫幫我
嗎？

馬丁　十一歲

報告有關部門。我希望所有在家庭暴力中受害的孩子，都能
得到老師、警察或者專業人員的幫助。制止針對孩子的家庭
暴力，實在是刻不容緩的事。

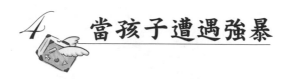

當孩子遭遇強暴

　　儘管人類社會正朝著文明的方向發展，但有些孩子的生存環境還是令人憂慮，甚至可以說極為惡劣。有一些孩子的來信講述了大多數人從未體驗過的可怕經歷。在讀這些信時，我心中常常會升起怒火，繼而又感到絕望——我能做的確實太少了。

　　親愛的艾蜜莉：

　　　有件事我必須告訴你，因為你是最能理解孩子的人。看完這封信後，也許你願意寫一本關於強姦的書，讓那些有過這種可怕經歷的女孩得到安慰。今年三月份，我姐姐傑妮芙被人強姦了，事後好幾天她才說出來。那個人快六十歲了，而傑妮芙才十五歲。我們告了那個人，但法院認為證據不足，判他無罪。我跟傑妮芙無話不談，她把事情的全部經過都告訴了我。事情已經過去快半年了，姐姐不願意再提起，但我怎麼也忘不了。那件事的細節總是

在我腦海裡出現，就像我親眼見到過一樣。我甚至做夢也夢見過，好幾次從夢中驚醒。

　　這件事對傑妮芙的刺激很大，她以前總是有說有笑，可現在半天也不說一句話，經常一個人坐在椅子上發呆。我很為她擔心，我想和她談談，但又怕刺激她，我該怎麼辦呢？

瑪麗　十三歲

　　當孩子成為性犯罪的受害者時，我們除了盡力使施暴者受到法律的制裁，還應該告訴孩子，不要讓痛苦的往事趕走今天的快樂，過去的就讓它過去，生活畢竟還要繼續下去。另外，我們還有必要使孩子們懂得怎樣保護自己，不要被某些誘惑所蒙蔽。

　　和強姦相比，家庭中的亂倫對孩子的傷害更長久。我曾經和一個受害者的母親談過這個問題，她說她下不了決心通過法律來解決，但忍氣吞聲的結果是給孩子帶來更大的傷害。

親愛的艾蜜莉：

　　我好幾次想自殺，每一次都因為下不了決心而放棄了。不過我一直收藏著那些東西，安眠藥、刀片等等，自殺的念頭還是經常冒出來。昨天，我把那些東西全扔掉了，我決定開始一種新的生活，我有很多事要做。我要當一個像你這樣的作家，還要找到我的親生父親。你知道嗎？發生這種轉變是因為我讀了你的書。讀完後我就想，既然主人公可以重新開始，我為什麼不可以呢？

　　還是讓我從頭說起吧，我叫柯妮特，今年十六歲。我從小就沒見過我爸爸，他在我出生之前就和媽媽分手了，據說是去了澳大利亞。我想他並不知道自己有個女兒。我媽媽生我的時候才十七歲，我出生以後，她把我送到丹佛的一個親戚家，我在那兒住了兩年。後來媽媽找到了工作，才把我接回去。

　　在我五歲的時候，媽媽和一個叫查理德的人結了婚。第二年生下了弟弟凱姆勒。我六歲時，繼父查理德開始猥褻我。我當時太小，什麼也不懂，我以為所有女孩的父親都是這樣的，所以就沒有告訴別人。我八歲時，我們搬到了辛辛那提。在這裡，

我結交了很多朋友。我和弟弟都很開心。唯一不開心的是，我開始明白查理德對我做了什麼。

媽媽總是很忙，上班很有規律，而查理德每次都是趁她不在的時候做那個事，所以她蒙在鼓裡。我也沒告訴任何人，因為查理德說如果我說出去，他就殺了我和媽媽。

事情直到我十歲時才暴露，一天下午，媽媽突然回來了，正好碰見，她立即報了警。第二天警察帶我去醫院做了檢查，醫生說我沒有懷孕。查理德被抓走了，關進了州立監獄。這件事對媽媽刺激很大，如果不是因為弟弟太小，我想她已經自殺了。媽媽把我送到了格蘭弗鎮的外公家。查理德的妹妹凱瑟琳也住在格蘭弗，她和我姨媽是好朋友，她恨我，她認為她哥哥被警察抓走全是我的錯。所有的親戚都知道這件事。凱瑟琳在鎮上到處造謠，弄得所有的人都認為是我誣蔑了她哥哥。

甚至我姨媽瑪麗娜也相信查理德被冤枉了。我想忘掉過去的事情，可姨媽喜歡在我面前提起他，有一次還要我打電話向他問好，氣得我哭了一場。我恨查理德，恨他把我的生活攪得亂七八糟。很早

　　以前我就得了尿道感染，經常尿褲子，這都是他弄的。這個毛病使我成了同學們取笑的對象，上七年級的時候，我的病已經治好了，可他們還是取笑我。我在學校的日子太難熬了，我經常哭著回家，要不就請假不去。

　　上高中以後，我換了一所學校，從此心情就好多了，因為同學們大多不知道我以前的事。我交了很多朋友，我和所有的人都能友好相處，他們對我也很尊重，這可是多少年來沒有過的事。

　　我不但人緣好，而且是班裡第一個交男朋友的女孩。我的男朋友叫沃特，是學校棒球隊的隊員，很多女孩都喜歡他。頭幾個月他對我特別好，可是不到半年，麻煩就來了，不知道他從哪裡聽說了我以前的事，慢慢地就和我疏遠了。現在我們已經分手了，是我主動提出來的，因為我忍受不了他的態度，我也無法從以前的陰影裡走出來，在他面前我總感到自卑。

　　我的一切麻煩都是查理德造成的，我好不容易才擁有的新生活全讓他給毀了。在過去的幾年裡，我至少五次想到了自殺，有一次我甚至把十幾片安

眠藥送到了嘴裡，但最終還是沒有勇氣吞下去。

　　現在我決定再也不做那種傻事了，我要找到我的親生爸爸，我準備和媽媽談談，從她那裡也許能得到線索。我多麼想找到我爸爸，和他一起開始一種全新的生活啊！

　　　　　　　　　　　　　　　柯妮特　十六歲

　　讀了柯妮特的信，我決定以她的經歷為素材，寫一篇小說。我要用故事的形式告訴那些有類似經歷的孩子，他們有權拒絕大人的要求，必要時要及時向值得信任的人求助，老師、警察、保護兒童權益的組織都可以。我還要告訴那些孩子，他們並不骯髒下流，更不必為此抬不起頭來，大人和孩子發生不正當的性行為時，孩子是無辜的，受指責和懲罰的應該是大人。

親愛的艾蜜莉：

　　我叫維娜，剛滿十四歲。我有很多心事，憋在心裡非常難受。昨天我和我最好的兩個朋友在一起，我想把我所有的一切都告訴她們，可剛開了個頭就停住了，我實在太難為情了。想來想去，我還是決定給你寫信。不見面，說出來就要容易得多。我知道你每天都要收到很多信，你一定很忙，本來我不想打擾你，但我實在太需要找一個能理解我的人談談了。

　　我從八歲起，就被我哥哥尼克爾強姦了，他一直折磨了我五年。在我十歲的時候，有一次媽媽好像看出來了，但她什麼也不說。我相信她和爸爸早就知道了這件事，卻假裝不知道，他們考慮的只是家庭的名譽，還有他們的寶貝尼克爾會不會被警察送到感化院去。他們根本不顧我的死活，這太讓我傷心了！

　　在那令人噁心的五年裡，我一次次地忍受著尼克爾的糾纏。去年九月的一天，我再也忍不下去了，就把這件事告訴了一個心理諮詢員。那個諮詢員找我爸爸媽媽還有尼克爾談了話，結果尼克爾說是我要他那麼做的。而且他們都信了他的話，問我

　為什麼不拒絕他。他們的態度讓我憤怒到了極點，我恨尼克爾、恨那個諮詢員、恨我的父母。我不是不拒絕，我甚至咬過他的胳膊，可是尼克爾第一次對我做那事時我才八歲，而他已經十二歲了。他那麼大的塊頭，像發了瘋一樣，我還能有什麼辦法？

　　這件事暴露以後，尼克爾就離家出走了，到現在一年多了，一點訊息也沒有，也不知道是死是活。爸爸媽媽都指責我，說我不該同意。有時候我也覺得尼克爾出走是我造成的，可我多麼希望有個人告訴我，這不是我的錯啊！我心裡矛盾極了。難過的時候，我恨不得找一個好朋友，把心裡的想法全告訴她，可是我不能，我只能在夜裡躺在床上哭。

　　希望你能給我回信，說點什麼都行。願上帝保祐你！

　　　　　　　　　　　　　　　　　維娜　十四歲

　　也願上帝保祐維娜！保祐這個世界上不再發生這樣的悲劇。而我能做的，只是通過我的下一本書告訴孩子們：如果你們遇到這樣的事情，一定要堅決地拒絕，不要被粗暴的舉動和恐嚇的話嚇住，實際上，做這種事的人內心比你們要恐

我是瑪麗，今年十三歲。

　　我的煩惱是──我姐姐被人強姦了，但法院認為證據不足，判他無罪。我真快氣瘋了，姊姊跟我說過她遭遇的那個場面，那些細節總纏繞在我的夢裡和腦海裡，我怎麼也擺脫不掉。

慌得多。另外，我要告訴那些在亂倫事件中指責孩子的人，往受害者傷口上撒鹽絕不是負責任的行為。那些孩子最需要的是安慰，而不是再一次的傷害。

【第九扇門】
自殺與毒品

1 我厭倦活下去

親愛的艾蜜莉：

　　我覺得活著不像有些人說的那麼好，我經常想到自殺，我在猶豫，不是因為怕死，也許是因為我偶爾也會覺得開心吧，但這樣的時候太少了。我想問問你，想自殺的孩子多不多，給你寫信的孩子裡有沒有這種情況？

斯坦恩　十六歲

　　給我寫信的孩子大多有各式各樣的問題，其中最讓我不安的是自殺。兩年前有個叫克萊爾的男孩給我寫了一封信，說他對自己的疾病和父母沒完沒了的爭吵感到厭倦，想用自殺來解決一切煩惱。我立即和他所在城市的警察局取得聯繫，但可惜的是，克萊爾的信中沒有留下地址。當警察費盡周折終於查到他的住址時，他已經離開人世。這件事讓我深

我是湯姆，今年十五歲。
　　我的煩惱是──我真不知道我身邊的這麼多朋友幹嘛都想體驗自殺的滋味。不久前我還親眼看見我們學校的一位女生自殺了。

感痛心和無奈，我多麼想幫助每個消沉的年輕人啊，但我的能力太有限了。我想說的是，挽救那些在死亡邊緣徘徊的孩子，光靠少數人的努力是不夠的，必須有更多的人去關心和幫助他們。我相信，如果那些孩子能得到父母、老師、朋友真誠的關愛，他們就不會對這個世界感到厭倦。

親愛的艾蜜莉：

　　去年冬天，我爸爸去世了，沒過多久我又住了院。我有嚴重的氣喘病，經常喘不過氣來，沒有得過那種病的人是不會知道那種痛苦的。爸爸的死讓我非常悲痛。他在世的時候，我每次發病，他都會在身邊照顧我，只要有他在，我就覺得有希望，他會把手放在我的額頭上，說：「托尼，挺過這一陣，一切都會好起來的。等你能出門的時候，我們又可以去釣魚了。」

　　現在他死了，我的生活再也不會有一點樂趣，剩下的只是無窮無盡的痛苦。

　　今年八月份，我又住院了，這一次比以前任何一次都嚴重，我整天發燒，很少有不難受的時候。我對自己說：「這一切該結束了。」就從三樓的病房窗戶跳了下去，結果落在草坪上，除了踝關節扭傷，什麼事也沒有。我媽媽請來一個心理醫生和我談話，那個醫生建議我和別的生病的孩子住在一起。

　　我被轉移到了一個大病房裡，那兒除了我，還有三個孩子。後來又住進來一個叫布里斯頓的孩子，他是嚴重燒傷，那張臉可怕極了。他剛住進來

時，經常發高燒甚至暈過去。好幾天以後，我們才正式說話，是他先和我打招呼的。我以前以為這個世界上最痛苦的人是我，現在我才知道布里斯頓比我更痛苦，也比我樂觀。但我還是感覺不到活著有什麼樂趣，你能告訴我嗎？

托尼　十三歲

親愛的艾蜜莉：

我叫貝塔，今年十五歲，我從十二歲開始抽煙喝酒，到現在已經是酗酒了，我一遇到心情不好就想喝醉。我的朋友裡有幾個因為抽大麻受到了處分，斯特弗妮更厲害，注射海洛因，後來一個人跑到芝加哥去了，據說靠賣淫的錢買毒品。

我從來不碰那些東西，但因為酗酒被我媽媽送到「特別少年之家」待了一個月。從那裡出來以後，我基本上沒再喝酒，還交了一個男朋友。我們好了半年不到就分了手。這件事對我打擊很大，我又開始酗酒，有一次還想自殺，媽媽發現後又把我送進了精神病院。我在那裡待了差不多一年。現在我住在家裡，心情比以前好些了，不過有一件事讓我特別難過。我從醫院回來後，很多人都不准孩子

和我來往，他們說我會把別人帶壞的。最讓我生氣
的是，有些我不認識的人也說我的壞話。

　　我相信你能夠理解我，也許我的事還能成為你
下一本書的素材呢，如果那樣的話，我一定會越來
越好的。

　　　　　　　　　　　　　　貝塔　十五歲

親愛的艾蜜莉：

　　你好！你的書我全都讀過，你確實很了解也很
理解我們年輕人，但有一個問題你還沒有寫到，那
就是自殺。我建議你寫寫這個題材，我相信很多年
輕人都能得到幫助，這樣的書一定會很受歡迎的。

　　我提這個建議，是因為我覺得很多年輕人都有
過自殺的想法，真的，我沒有誇張，在我的朋友裡
就有三個人說過想嘗試一下自殺。這段時間他們經
常談論自殺，他們很想體會一下那一瞬間有什麼感
覺。

　　我從來沒想過要那麼做，但有些人的想法確實
和我不同。大約在兩個月前，我們學校就有個女孩
自殺了。關於她自殺的原因有很多種說法，但有一
點是一致的，就是誰也沒有想到她會自殺。這個女

孩我見過，看上去並不像那種特別消沉的人。

　　希望你寫一本這樣的書，告訴我們有的人為什麼想自殺，怎麼才能避免。我一想到某一天，我的一個朋友突然離開了人世，我就感到不安。

　　　　　　　　　　　　　　湯姆　十五歲

親愛的艾蜜莉：

　　我叫戴茜，今年十四歲。我有太多太多的話要對你說，但拿起筆來，又不知道說什麼好了。這一次就先說一件事吧。

　　這一年我過得糟透了。起先，我和傑夫好，我很愛他，但他只和我交往了一個多月就愛別人了。有一次我聽到幾個男生議論說，傑夫和我分手是因為我長得醜。這些話真讓我又生氣又難過，以前我覺得自己雖然有點胖，但也絕對不能算醜，可是聽到他們那麼說以後，我就越來越沒有自信了，有時候我覺得自己真的很難看。

　　我和傑夫分手大約三個月後，高年級有個叫哈特的男孩說他喜歡我，我和他約會了幾次後，發現他並不是真的喜歡我，他只不過是想利用我。有一次他要我去他家過夜，我沒有同意，因為我要是晚

上不回家，我媽媽非急死不可。從那以後他再也不找我了。

　　現在，我臉上粉刺越來越多，我覺得自己越來越醜。回到家裡，媽媽又整天嘮叨，有時候我簡直煩透了，真想死了算了。

　　　　　　　　　　　戴茜　十四歲

　　我在經歷了兩次婚姻失敗後，一度消沉到了極點。我找不到一個可以訴說心聲的人，我的朋友們一見我總是急於對我的婚姻生活評頭論足，從來不肯聽我把話說完。我的兩個孩子也對我的再次離婚感到不滿，一向熱熱鬧鬧的家庭突然變得死氣沉沉，吉米有一次甚至揚言要離家出走。那確實是我一生中最灰暗的時光，我常常問自己，人生到底有什麼意義？我無法回答這個問題，我心裡最真實的感覺就是對生活的厭倦。是的，我是一個為別人進行心理輔導的專家，可自己卻有著同樣的煩惱，畢竟，在本質上我也是一個普通的女人。

　　在消沉了一段時間後，有一天下午，我女兒露茜被瓷片劃傷了手腕，血流不止。我以最快的速度為她進行了包紮，

但仍然不能有效地止血，我立即開車送她去醫院。一路上，我腦子裡只有一個念頭：快，快，快！在那一刻，什麼煩惱，孤獨，痛苦，全被我拋在了腦後。

這件事後，我突然意識到，有那麼多的事需要我去做。早晨起來，有那麼藍的天等著我去看，有那麼香的咖啡等著我去喝；到了辦公室，有那麼多不幸的人等著我去安慰；假日到來時，我可以帶著孩子們去旅行，為他們做可口的晚餐，和他們一起回憶快樂的往事，聊聊露茜的話劇小組和吉米的棒球隊⋯⋯啊，生活竟是如此美好和充實！

我就是從那天起開始我的新生活的，我要在這裡告訴所有悲觀失意的人：只要你能想到明天有事等著你去做，你的生活就有了希望。

2 抽大麻的孩子們

親愛的艾蜜莉：

　　我叫惠特妮，你的每一本書我都喜歡。不過遺憾的是，你的書中關於吸毒的內容太少了。我真希望你能寫一本這樣的書，因為吸毒的孩子越來越多，毒品對他們的改變太大了。你寫嗎？如果寫，我可以告訴你很多吸毒者的故事，我和他們很熟。

　　　　　　　　　　　　　　　惠特妮　十四歲

　　在新墨西哥州立戒毒所，我和一些正在接受治療的孩子談過毒品問題。我問他們為什麼要吸毒，有的孩子告訴我：「吸毒能使人腦子更好，還能忘掉生活中的煩惱。」可是接下來，卻沒有一個孩子能舉例敘述，毒品是怎麼給他們帶來那些好處的。

　　毫無疑問，無論從醫學的角度還是從事實來看，毒品都

我是利貝爾，今年十五歲。

　　我的煩惱是——自從我哥哥遇到車禍死後，我就染上抽大麻的習慣，當然那只是爲了解決在睡夢中遇見哥哥可怕的情景。現在夢是不做了，但是大麻是越抽越上癮，我眞不知怎樣才能把它給戒掉。

是有害無益的。孩子們所以吸毒，只是想藉此來逃避現實，當他們從那種快感中恢復過來時，面對的是更大的痛苦和挫折。於是他們會再次吸毒以擺脫煩惱，最終形成惡性循環。

親愛的艾蜜莉：

　　我叫利貝爾，剛上八年級。有一件很麻煩的事，我實在沒有勇氣告訴媽媽，只能跟你說。

　　去年我哥哥遇到車禍死了，我失去了一個最親的人。家裡只剩我一個孩子，特別冷清。沒有人和我開玩笑，和我一起說學校的事情，我感到非常孤獨。我經常在夜裡夢到哥哥，我很高興能在夢裡見到他，但半夜醒來又感到很害怕。只要一醒來，我就再也睡不著，我總覺得哥哥就在我的房間裡。我告訴了媽媽，媽媽說是我在胡思亂想。她根本不明白那種感覺有多強烈。

　　這件事弄得我非常緊張，我不知道怎麼辦才好，我不想再和爸爸媽媽說，說了也沒用。有一天我和一個叫費妮的女孩說起這件事，她告訴我，睡覺前抽一支大麻就不怕了。我就花兩美元從她那裡買了三支，晚上偷偷在臥室裡把三支全抽了。慢慢地我感覺自己飄了起來，即使躺下後也覺得在飄。那一夜我沒害怕，而且還做了一個非常有趣的夢。我很快就陷了進去，零用錢花光了，還賒了很多賬。後來那些販毒的人不肯再賒，我沒辦法，就開始從爸爸的上衣口袋裡拿錢。第一次拿了十美元，

他沒有發現。後來我膽子越來越大,開始翻媽媽的抽屜。有一天終於被爸爸發現了,把我教訓了一頓。不過他還不知道我在抽大麻。我在家裡再也找不到錢了,就幫那些毒品販子賣大麻,從別的孩子那裡賺錢,就像以前費妮賺我的錢一樣。自從抽上大麻以後,我對什麼都無所謂,經常曠課,和老師吵架。老師和校長都對我感到頭疼,期末考試我有四門不及格,他們還是讓我過關了,我知道他們想早點打發我走。

現在我不再怕鬼了,每個夜晚都睡得很好,但問題是大麻越抽越凶,一天沒個七八支根本煞不住癮。我很擔心,我知道這樣抽下去總有一天會吸海洛因的。我認識的人裡面已經有兩個因吸海洛因過量死掉了。我想把大麻戒掉,真的,這就是我給你寫信的原因。我知道那很難,我太需要你的監督和鼓勵了。

利貝爾　十四歲

親愛的艾蜜莉:

你好!我想和你談談毒品和麻醉劑。上個月,我有個吸海洛因的朋友自殺了。這件事對我刺激很

大，我也吸毒，是大麻和迷幻藥，海洛因我還沒碰過。上星期我發過誓不再碰那些東西了，但昨天我忍不住又抽了一支，抽完後我很後悔，我的意志真是太薄弱了。如果昨天不碰到史蒂文就好了，他們那夥人整天在我們學校閒逛，兜售毒品。很多孩子像我一樣，也想戒毒，但總是經不起誘惑。我抽大麻不到三個月，現在癮還不算大，我相信自己能戒掉，而那些碰過海洛因的孩子就沒那麼幸運了。那些吸海洛因的朋友告訴我，如果沒有大麻，忍一忍也就過去了，但如果沒有海洛因，那滋味呀，簡直是在地獄裡受煎熬。

　　我希望你能回信告訴我怎麼才能戒掉毒品，如果你能寫一本關於學生吸毒的書就更好了。

　　　　　　　　　　　　　　　　托尼　十三歲

　　我和一個叫惠特妮的女孩通了近三年的信，她從染上毒癮到下決心戒毒的過程和感覺很有代表性。下面這些信是從她的來信中選編的，通過閱讀這些信，我們可以了解到她吸毒背後的家庭及社會原因，以及她痛苦、彷徨、掙扎的心靈歷程。

親愛的艾蜜莉：

　　我決定跟你說實話，我抽大麻已經快一年了。我有時候會問自己，我為什麼要抽大麻？我想，剛開始可能是因為好奇，不過也不完全是，也許還是為了擺脫煩惱，或者是出於虛榮心。是的，也有虛榮心的原因。我們這裡的女孩中有一種風氣，如果你十四歲還是處女，人家就會認為你是個「老土」或缺乏魅力。如果你不知道大麻或迷幻藥的滋味，就說明你太嫩。

　　我哥哥的朋友大部分都抽大麻，有的還吸可卡因。他們來找我哥哥的時候，我經常聽他們說那東西美妙極了，不管你心情有多壞，抽上兩根就會感覺很高興。這跟學校輔導員說的可大不一樣。我哥哥倒是不抽大麻，不過他酗酒。如果我在場，他就會讓我也嘗上幾口。

　　去年，我愛上了麥克爾，他比我大十二歲，我們是在一次嬉皮聚會上認識的。麥克爾特別親切，話不多，總是微笑著看著你，我對他是一見鍾情。那天晚上，所有的人都在抽大麻，他們抽了以後顯得非常快活、有趣。有的人不停地念詩，有的人不停地笑，那種笑有點古怪，但讓人覺得特別輕鬆和

溫暖。真的，那是一種發自內心的笑，至少當時我
的感覺是這樣的。我家裡從來沒有這種溫暖放鬆的
氣氛，在我媽媽眼裡，我彷彿是個多餘的人，我只
要跟她說上五句話她就嫌我煩。後來，有個女孩遞
給我一根，我想也沒想就接了過來。那是我抽的第
一根大麻煙，嗆得我直咳嗽，但感覺確實好。

　　好了，今天就寫到這兒，但願你有耐心看完。

　　　　　　　　　　　　　　　惠特妮　十四歲

親愛的艾蜜莉：

　　很久沒有給你寫信了。上次讀了你的回信，我
本來打算按你說的去做，可是才堅持了四天就再也
做不到了。我又抽上了，而且還幹了一些壞事。我
不給你寫信是怕你失望，今天我心裡亂極了，如果
我再不和你談談我會發瘋的。我幹的那些事有的事
我父母知道，有的不知道，現在我要毫無保留地告
訴你，我信得過你。

　　我和麥克爾在一起後，一直抽他的，他只讓我
抽大麻，我們倆發過誓，絕對不碰海洛因。麥克爾
靠賣大麻掙錢，在幹這一行的人當中，他算得上正
人君子。他從來不騙別人，價錢上也公道，有的人

欠賬還不起他也不逼人家，儘管他完全可以那樣做。正因為這樣，他才會經常沒錢花。我從來不向他要錢，我不希望別人認為我是為了錢才和他好的，我是真心喜歡他。可我又不能沒有錢，請朋友的客、買衣服和化妝品、玩，樣樣都需要錢。我從一個叫洛琦的小孩手裡騙走了兩百美元，他家非常有錢。我還和幾個男孩從一輛汽車上拆下化油器，賣了一百八十美元，我只分到二十美元。誰知這一次倒了楣，錢不多卻讓警察找去問話。我因為年紀小，被我爸爸領了回去。

　　回到家裡，我爸爸朝我吼了一個晚上，他說當初媽媽懷上我的時候他就不想要我，只是因為法律不允許墮胎才有了我，而現在，果然不出他所料，好好的一個家被我弄得不得安寧。

　　他的話實在叫我太傷心了，第二天我什麼也沒說就搬到麥克爾那裡去了。麥克爾說要和我一起把大麻戒了，我也真的想戒，但我現在抽得比他還凶，我不知道我能不能做到。但願下封信我會告訴你好消息。

　　　　　　　　　　　　　惠特妮　十四歲

親愛的艾蜜莉：

　　我不知道這算不算好消息。我還沒有完全戒掉大麻，不過以前我是天天抽，現在我和麥克爾每星期只抽一次。這一個多月我很少曠課，上次數學考試我還得了個A。我又搬回家裡住了，我媽媽非常高興，我覺得她還是愛我的。

　　我比以前任何時候都愛麥克爾，如果說我在慢慢變好的話，一切都是麥克爾的功勞。要不是他的鼓勵和幫助，我現在還在偷東西，當然，還有你的幫助。

惠特妮　十四歲

親愛的艾蜜莉：

　　謝謝你的誇獎。我猶豫了很久，還是決定給你寫這封信，因為你說過，不管好消息還是壞消息都要告訴你。這次是壞消息。

　　我又抽上了，比以前還厲害。麥克爾前一段時間心情很壞，我問他出了什麼事，他又不肯說。這讓我很傷心，有事瞞著我就是不信任我，而我是什麼事都告訴他的。是麥克爾先開始抽的，很快我也什麼都不顧了，癮一來我就想，去他媽的規矩，去他媽的學校，我抽大麻是我自己的事，誰也別想來

管我。

　　我太愛麥克爾了，我擔心有一天會失去他。因為我聽朋友說，小姑娘第一次戀愛就愛上年紀大的男人，這樣的關係肯定不會長久。有一次麥克爾也說，我的年紀再大一些就好了。

　　我真的很擔心，請你告訴我該怎麼辦？

惠特妮　十五歲

親愛的艾蜜莉：

　　現在我已經嚐到大麻的苦頭了，我經常感到頭暈、想吐、胃疼、記憶力特別差。上個月我和麥克爾制訂了一個戒大麻的計劃，但總是做不到，用不了幾天，不是他就是我，總會有一個人開始破戒。我想你說得對，人只要有事做就會忘掉煩惱。讓自己忙起來，這是我忘掉煩惱和大麻的唯一方法。不能閒，人一閒下來就想抽。我決定不再偷東西了，也不再騙那些孩子的錢。我給自己訂了一個暑期打工計劃，我要靠工作掙零用錢。不過麻煩的是我很可能找不到工作，我打了幾個電話，他們都不願意要十五歲的人。

惠特妮　十五歲

親愛的艾蜜莉：

最近我什麼事都不順。我的朋友翠茜告訴我，麥克爾帶了一個女孩回去過夜，她在街上親眼看見他們接吻。我聽了大哭了一場，我太傷心了，我把一切都給了他，可他卻不把我的感情當回事。我給麥克爾打了一個電話，告訴他我再也不會理他了。他找過我幾次，我始終沒有理他。

上個星期，麥克爾賣大麻的時候被警察抓住了。我難過極了，我沒想到我這麼愛他。第二天下午他被放了出來，又來找我，我們談了一個晚上，談得最多的是未來。我現在的樣子看上去比十五歲要大得多，我不知道自己是不是老了。我多麼想做一個健康快樂的人啊，無憂無慮，快活地在陽光下奔跑、尖叫。最好我和麥克爾都有一份穩定的工作，不抽大麻，相親相愛一輩子。那天晚上，麥克爾說他再也不賣大麻了，因為只要身邊有大麻我們就忍不住想抽。要想戒掉，就必須遠離那東西。事實就是這樣，以前在我想戒大麻的時候，只要身邊有人抽，我最終肯定也會抽。就像飢餓的人身邊放著麵包，他很難做到不去吃一樣。到今天晚上，我已經四天沒有抽了。就在兩個小時前，我還經受住

了一次考驗。我在整理抽屜的時候，發現了兩支大麻。它們對我的誘惑太大了，我在房間裡坐立不安，猶豫了至少一個小時，就在我快要堅持不住的時候，我一狠心，把它扔進了抽水馬桶。我睡不著，也不能坐在房間裡發呆，我必須找點事做，於是就給你寫這封信。我強迫自己集中精力，把最近發生的事寫下來。瞧，我做到了。

　　　　　　　　　　　　　　惠特妮　十六歲

親愛的艾蜜莉：

　　兩個多月沒給你寫信了。這段時間裡我總共抽了三次大麻，我會永遠記住這三次破戒，因為我每犯一次都用煙頭在胳膊上燙個疤。今天我向你保證，到此為止，不會再有第四個疤了！

　　這三次都是在特別痛苦的時候犯的，一次是和麥克爾吵架，兩次是因為我爸爸侮辱我，我在他眼裡簡直是個爛貨，他根本看不到我為戒大麻作了多麼大的努力，也不去注意這兩個多月來我很少曠課。他看到的只是我的缺點，我只要犯一點錯他就會數落個沒完。這樣的日子不會太長了，我高中一畢業就搬到麥克爾那裡去。

　　我會想辦法掙夠上大學的錢（不是偷），但我對上大學很沒有把握。我的學習成績不太好，這樣下去將來也許只能做一些粗活，用不了二十年，我就會變得又老又醜。

　　麥克爾現在找到了一份工作，在夜總會做調音師，收入還過得去。他說如果我能考進大學，由他來負擔我的開支。儘管我沒打算依賴他，但他能這麼想，我還是覺得非常幸福。現在我的毒癮比以前小多了，我最後一次抽大麻離現在已經快一個月了，並不很想抽。偶爾想抽的時候，我會立即給自己找點事做，去找不吸毒的朋友聊聊，做些家務事，或者坐下來給別人寫信。

　　我的生活仍然有許多煩惱，但我已經學會了適應它。相信我，我會越來越好的。

惠特妮　十六歲

　　惠特妮的來信總是牽動著我的歡喜和憂愁，前一段時間她在信中告訴我，她已經兩個月沒抽大麻了，她和麥克爾都有絕對的把握戒掉它。正當我為此感到欣慰的時候，她又來了一封信，說她覺得自己的前途很渺茫，她經常感到焦慮。這封信讓我十分擔憂，我立即回信告訴她，那種感覺是每一

個人都會經歷的，戰勝困難一定要靠自己的意志，而不是毒品。生活中遇到困難固然是一種不幸，但因此淪為毒品的奴隸則是更大的不幸。

【第十扇門】

和孩子一起成長

　　十幾年來，我收到了數以萬計的孩子們的來信。當孩子們向我吐露心聲，說出對父母也未曾說過的話時，我常常被他們的信任深深打動，不禁隨著他們的歡喜而歡喜，隨著他們的憂傷而憂傷。

　　我也是一位母親，從這個角度來說，我最不願意辜負的就是孩子的期望，但同時我也知道，家長不可能在每件事上都符合孩子的心願，孩子與大人之間的隔閡和矛盾也就由此產生了。

　　在任何一個家庭中，這樣的矛盾都是無法避免的。問題在於，如何去解決這些矛盾。每一個家庭的問題都不一樣，我當然無法拿出一個能解決一切問題的具體方案來，但我可以提出一個原則性的建議，那就是愛。不僅要愛孩子，而且要讓孩子知道你愛他。

　　愛孩子是父母的天性，怎樣去表現這種愛則是一門學問。我經常遇到這樣的情況，孩子們向我訴苦，說父母不喜歡他們，而父母告訴我的卻完全相反。很顯然，不是父母不愛孩子，而是雙方產生了誤解，是表現愛的方式上出了問題。如果孩子們知道自己在父母心中有多重要，那麼父母的很多行為是可以被他們理解和接受的。

　　很多孩子以為父母對他們瞭如指掌，而實際情況並非如此，多數情況下，如果孩子不說，父母是很難了解孩子心裡的想法的。反過來也一樣。因此父母和孩子都向對方敞開心扉是解決問題的關鍵。坦誠地和孩子們交流，不僅能得到他們的理解，更重要的是能使他們感覺到你的愛，知道自己的家有多溫暖。

讓孩子知道你的愛。

　　心理學家普雷姆說過，孩子們對生活最早的認識就是從父母那裡來的，父母和孩子談得越多，孩子對生活也就了解得越多，將來遇到挫折時也就不會那麼失望。每一個研究過

青少年行為和心理的人都不會否認，對現實感到失望是孩子們墮落的一個主要原因。

　　無論你的生活是煩惱，還是喜悅，無論你的生活是幸福或失意，你們都要毫無理由地熱愛孩子，熱愛他們。

好書推薦

教育叢書系列

教孩子正確的價值觀

定價：220元

父母怎樣跟孩子說話

定價：200元

一生的忠告

定價：240元

國家圖書館出版品預行編目資料

孩子們的祕密書信／艾蜜莉‧雷格 著 亞北譯；
　-- 第一版. -- 臺北市：大地, 2004〔民93〕
　　面； 公分-- （教育叢書；08）
　譯自：Children's secrect letter

　ISBN 986-7480-11-2（平裝）

　1. 青少年—心理方面　2. 青少年問題

173.2　　　　　　　　　　　　　　93011932

教育叢書 08

孩子們的祕密書信

作　　　者：艾蜜莉‧雷格
譯　　　者：亞　北
創 辦 人：姚宜瑛
發 行 人：吳錫清
主　　　編：陳玟玟
美術編輯：黃雲華
出 版 者：大地出版社
社　　　址：台北市內湖區內湖路2段103巷104號1樓
劃撥帳號：0019252－9（戶名：大地出版社）
電　　　話：(02)2627－7749
傳　　　真：(02)2627－0895
E - m a i l ：vastplai@ms45.hinet.net
印 刷 者：普林特斯資訊有限公司
一版一刷：2004年8月
定　　　價：220元

壹

大地

章
大地

大地

大地